THÈSE

POUR LE DOCTORAT

DE L'ACTION

EN

NULLITÉ ET EN RESCISION

ACCORDÉE AU MINEUR

THÈSE POUR LE DOCTORAT

L'ACTE PUBLIC SUR LES MATIÈRES CI-APRÈS

Sera soutenu le mardi 14 juin 1898, à 8 heures 1/2

PAR

Renè POISSONNET

Président : M. WEISS.

Suffragants : { MM. BOISTEL, MASSIGLI, } *professeurs.*

PARIS

LIBRAIRIE NOUVELLE DE DROIT ET DE JURISPRUDENCE

ARTHUR ROUSSEAU, ÉDITEUR

14, RUE SOUFFLOT ET RUE TOULLIER, 13

1898

A MON PÈRE

A MA MÈRE

DE

L'ACTION EN NULLITÉ ET EN RESCISION

ACCORDÉE AU MINEUR

INTRODUCTION

Les rédacteurs du Code civil ont emprunté au droit romain et à l'ancien droit les principes qui régissent l'incapacité du mineur ; ils ont été ainsi conduits à sanctionner cette incapacité par une action en nullité et par une action en rescision pour cause de lésion.

La présence simultanée dans nos lois de ces deux actions n'était cependant plus entièrement justifiée et ne répondait plus aux mêmes nécessités que dans le droit romain et dans notre ancien droit. A Rome, la *restitutio in integrum* avait été introduite par le préteur pour suppléer au droit civil ; les actes étaient nuls *ipso jure*, ou rescindables par la voie de la *restitutio in integrum* ; étaient nuls, ceux qui étaient prohibés par le droit civil ou qui ne remplissaient pas les conditions de validité exigées par lui ; étaient rescindables pour cause de lésion ceux qui étaient préjudiciables aux impubères ou aux pubères mineurs de 25 ans et contre lesquels ils ne pouvaient faire valoir aucun autre moyen de droit.

Dans notre ancien droit, les pays de droit écrit avaient continué presque sans interruption et sans changement l'application des lois romaines, mais dans les pays de coutume, des modifications nombreuses avaient été apportées. Cependant, la distinction entre les deux actions avait été maintenue et leurs différences étaient, sous une autre forme, aussi accentuées qu'autrefois à Rome. On peut dire que la cause en était due, comme dans le droit romain, à la rivalité de deux législations ayant chacune, dans un même pays, force de loi dans des conditions différentes. D'un côté, le droit romain valait en tant que raison écrite ; de l'autre le droit coutumier, contenu dans les coutumes et dans les ordonnances royales, représentait le droit national. Pour faire valoir en justice les nullités qui étaient prononcées par le droit romain, le demandeur devait obtenir des lettres de rescision que lui délivraient, au nom du Roi, les chancelleries des Parlements ; les nullités qui étaient prononcées par la coutume ou par les ordonnances royales étaient, au contraire, portées directement devant le juge. Dans le premier cas, la nullité donnait lieu à une action en rescision, dans le second à une action en nullité.

C'est cette origine historique qui, seule, explique la présence dans notre Code civil d'une action en nullité et d'une action en rescision, destinées à sanctionner l'incapacité du mineur, car les causes qui les avaient rendues nécessaires ont maintenant disparu, et désormais le Code reconnaît l'existence de l'action en rescision au même titre que l'action en nullité.

Nous ne rechercherons pas si les différences qui les caractérisaient autrefois, se retrouvent encore aujourd'hui ; du reste, les discussions que cette question a soulevées ne présentent aucun intérêt pratique ; elles ont cependant eu pour résultat d'amener la plupart des auteurs à conclure que la loi semblait les confondre et qu'elle les soumettait « aux mêmes règles quant à leur durée, leur forme, leurs résultats, et aussi quant aux fins de non-recevoir qui pourraient les écarter » (1).

Nous devrons au contraire préciser dans quelles conditions elles sanctionnent respectivement l'incapacité du mineur, et quels sont leurs effets. Les difficultés qui s'élèvent à ce sujet résultent de la nature spéciale de cette incapacité ; les dispositions du Code ne permettent pas d'affirmer à première vue si c'est une incapacité de s'obliger ou bien une incapacité de se léser. Les deux opinions peuvent se soutenir, et chacune s'appuyer sur la tradition, romaine ou coutumière. C'est ce qui va nécessiter de notre part un exposé sommaire des conditions dans lesquelles ces deux législations ont sanctionné l'incapacité du mineur ; cet historique ex-

_____

(1) Demante et Colmet de Santerre, V, n° 264.

pliquera les controverses que l'interprétation des articles 1305 et 1311 a soulevées et il nous servira également à justifier quelques solutions.

Nous aurons l'occasion de recourir fréquemment aux explications qui ont été fournies, au cours des travaux préparatoires, par les rapporteurs de la loi. Ces explications font disparaître l'indécision qui résulte de la rédaction de certains articles et constituent un commentaire qui doit jouir en quelque sorte de la même autorité que la loi elle-même.

Dans cette étude, nous envisagerons l'action en nullité et en rescision surtout en tant que sanction de l'incapacité du mineur. Après avoir rappelé les théories romaine et coutumière, nous essaierons de dégager la doctrine qui a passé dans notre Code civil ; nous préciserons les cas d'application des deux actions, puis nous rechercherons quels sont leurs caractères généraux, quelles sont les difficultés particulières que leur application peut soulever dans certaines hypothèses et quels sont enfin les effets produits, lorsque la nullité ou la rescision est prononcée.

HISTORIQUE

DROIT ROMAIN

EXPOSÉ GÉNÉRAL DE LA DOCTRINE ROMAINE SUR LA NUL-
LITÉ ET LA RESCISION DES ACTES INTÉRESSANT LES
IMPUBÈRES ET LES MINEURS DE 25 ANS.

La législation romaine avait, à ses débuts, rattaché
à un phénomène purement physique, l'âge de puberté,
la capacité générale de contracter ; elle liait étroitement le développement physique de l'individu à son
développement intellectuel ; de là, la distinction entre
les pubères et les impubères.

La puberté était fixée à l'âge de 12 ans pour les femmes, de 14 ans pour les hommes.

I. — *Impubères.* — Les pubères jouissaient d'une
capacité complète ; les impubères étaient au contraire
divisés en plusieurs classes. On les distinguait suivant
qu'ils étaient *infantes* ou *non infantes* ; l'*infans*, jusqu'à l'âge de 7 ans, était frappé d'une incapacité absolue ; il ne pouvait valablement accomplir seul, ni même

tutore auctore, un acte juridique, car il était encore dépourvu de tout discernement.

Lorsqu'il avait dépassé la période de l'*infantia*, l'impubère acquérait le droit de participer à des actes juridiques ; il pouvait faire seul les actes qui rendaient sa condition meilleure, mais il ne pouvait faire sa condition pire, c'est-à-dire s'obliger, sans obtenir l'*auctoritas* de son tuteur.

L'impubère agissait en personne, car le principe de la représentation dans les actes juridiques n'était pas admis dans le droit romain ; le tuteur intervenait seulement pour donner son *auctoritas*. L'*auctoritas tutoris* était donc en quelque sorte une condition de forme, et son absence devait, à ce seul titre, entraîner la nullité des actes par lesquels le pupille avait rendu sa condition pire.

Rendre sa condition pire, c'était aliéner, donner, s'obliger, promettre, libérer son débiteur ; rendre sa condition meilleure, c'était au contraire, augmenter son patrimoine, c'est-à-dire acquérir ou recevoir la propriété, la possession, un droit réel, obliger, stipuler, se libérer. Cette double règle s'appliquait aisément dans un contrat unilatéral, car il était facile de distinguer si le contrat était passé au profit ou à la charge de l'impubère ; il n'en était plus ainsi dans les contrats synallagmatiques, qui font naître des obligations réciproques et rendent à la fois la condition meilleure et pire. Il résultait, en effet, de l'application des textes, que le tiers était obligé pour le tout, mais que l'impubère n'était obligé en aucune façon, car il n'avait pu valablement, sans *auctoritas*, rendre sa condition pire. Si le pupille poursuivait l'exécution du contrat, le tiers était donc tenu d'exécuter, mais il ne pouvait à son tour poursuivre le pupille. Antonin le Pieux atténua toutefois la rigueur de ce principe, et, faisant l'application expresse de la règle que « nul ne doit s'enrichir injustement aux dépens d'autrui », il décida que le pupille était tenu jusqu'à concurrence du profit qu'il retirait de la convention.

S'il y avait eu exécution de la part des deux contractants, le pupille pouvait immédiatement revenir sur l'exécution et agir directement au moyen des actions ordinaires, telles que la revendication ou la *condictio indebiti*. L'autre partie pouvait également répéter sa prestation, mais dans la mesure seulement où le pupille en avait profité ; ainsi, au cas de vente, l'impubère avait le droit de revendiquer immédiatement, mais l'acheteur, pour reprendre son prix, devait prouver qu'il avait tourné au profit de l'incapable.

Si enfin, la convention n'avait pas été exécutée de part et d'autre, le tiers ne pouvait, sous aucune forme, contraindre le pupille à l'exécuter.

Ainsi, le pupille obligeait les tiers envers lui sans s'obliger lui-même ; la nullité était donc simplement relative. De plus, elle avait lieu de plein droit, *ipso jure*, sans qu'il soit besoin de la faire déclarer et l'impubère pouvait l'opposer en toute occasion.

II. — *Pubères, mineurs de 25 ans.* — Pendant long-temps, le droit romain n'avait établi de mesures de protection qu'en faveur des impubères en tutelle. Arrivé à l'âge de puberté, l'enfant acquérait une capacité complète, mais bientôt, on devait s'apercevoir qu'il n'acquérait pas en même temps l'aptitude nécessaire à la bonne administration de son patrimoine. C'est pour cette raison que des restrictions successives furent apportées à la capacité des pubères et que la protection de la loi fut étendue à ceux qui n'avaient pas encore atteint l'âge de 25 ans.

α. *Loi Plætoria.* — La loi Plætoria, promulguée vraisemblablement au VIIᵉ siècle de Rome, marque le premier pas dans cette voie.

Cette loi a posé pour la première fois le principe de la distinction entre les pubères, suivant qu'ils étaient majeurs ou mineurs de 25 ans; elle contenait les trois dispositions suivantes :

1° L'ouverture d'un *judicium publicum* entraînant l'infamie, contre toute personne qui, abusant de l'inexpérience d'un mineur de 25 ans, avait frauduleusement contracté avec lui.

2° La possibilité pour le mineur trompé d'opposer, par voie d'exception de dol, la nullité de son engagement. Cette disposition devançait l'édit d'Aquilius Gallus, car elle permettait au mineur d'opposer l'exception de dol, sans que la *clausula doli* ait été réservée expressément dans l'acte, ainsi que cela existait déjà dans les rapports entre le tuteur et le pupille.

L'exception de dol était perpétuelle (loi 5, § 6, *De doli mali et metus exceptione*) ; au contraire, l'action de dol était temporaire et devait être intentée dans le délai d'un an. Cette action entraînait l'infamie ; elle n'était accordée qu'à défaut de tout autre moyen de défense ; c'est pourquoi, tant que la victime du dol n'avait pas exécuté la convention, on ne lui permettait pas d'agir par voie d'action, car elle avait encore la ressource d'opposer l'exception de dol, lorsque l'autre partie poursuivrait l'exécution. Cependant, pour que la victime du dol fût assurée de trouver dans son exception une protection complète, on l'avait rendue perpétuelle. De là la règle : *Quæ temporalia sunt ad agendum, perpetua sunt ad excipiendum*, dont nous aurons l'occasion de discuter l'application dans notre droit, au sujet de l'article 1304.

3° Enfin, la faculté pour le mineur, en vue de faciliter ses relations avec les tiers, de se faire assister d'un curateur, dont le *consensus* mettra le tiers à l'abri des conséquences de la loi.

β. *Restitutio in integrum.* — La loi Plætoria était insuffisante ; elle ne prévoyait que le dol et n'empêchait pas que des mineurs, alors même qu'ils n'étaient pas trompés, fussent lésés. Aussi, le préteur intervint et créa le bénéfice de la *restitutio in integrum*, pour venir au secours des mineurs de 25 ans lorsqu'ils avaient éprouvé une lésion. Nous en parlerons plus loin.

γ. *Constitution de Marc-Aurèle sur les curateurs géné-*

raux. — La *restitutio in integrum* n'était cependant qu'un moyen de réparation, il restait encore à trouver un moyen de prévenir le mal. C'est dans cette pensée que l'empereur Marc-Aurèle permit aux mineurs de 25 ans de se faire nommer par le magistrat un curateur général et permanent, chargé de les assister dans leurs engagements et d'administrer leur patrimoine.

La minorité de 25 ans devenait ainsi une cause suffisante pour l'établissement d'une curatelle générale. Déjà, à l'époque classique, l'assistance d'un curateur était devenue obligatoire pour les mineurs de 25 ans dans trois cas :

1° Pour recevoir le compte de tutelle.

2° Pour soutenir un procès comme demandeur ou défendeur.

3° Pour recevoir un paiement.

Les tiers pouvaient, dans ces trois circonstances, refuser de traiter avec les mineurs, lorsqu'ils n'étaient pas assistés d'un curateur. La garantie qui leur était ainsi donnée, n'était qu'une garantie de fait, car les mineurs conservaient toujours le droit de demander la *restitutio in integrum* : elle avait paru toutefois assez importante à l'empereur Marc-Aurèle, pour justifier l'institution de la curatelle générale et permanente jusqu'à l'âge de 25 ans ; il ne l'avait pas rendue obligatoire, mais dans la pratique, presque tous les mineurs se faisaient nommer un curateur général ; ils y trouvaient l'avantage d'avoir auprès d'eux un conseiller, dont l'assistance rassurait les tiers et facilitait leurs engagements en faisant disparaître, dans une certaine mesure, l'éventualité de la *restitutio*.

La nomination d'un curateur général n'avait eu tout d'abord aucune influence sur la capacité du mineur de 25 ans ; celui-ci conservait toujours la faculté personnelle de s'obliger, et, contre les actes par lesquels il rendait ainsi sa condition pire il avait seulement la ressource de demander la *restitutio in integrum*. Le seul effet produit à l'égard du mineur était la perte de l'administration de ses biens qui passait entre les mains du curateur. De là, on a conclu que le mineur trouvait un obstacle de fait à toute diminution de son patrimoine, et que, par suite, il ne pouvait valablement consentir une aliénation, bien qu'il ait conservé la faculté de s'obliger sans le concours de son curateur, ainsi que cela résulte d'une loi de Modestin (L. 101, XLV, 1).

Mais s'il en fut ainsi jusqu'à une certaine époque, bientôt cependant on devait rattacher à la Constitution de Marc-Aurèle de nouveaux effets et aboutir « à ce résultat que celui qui ne peut administrer, ne doit pas pouvoir s'obliger, système logique admis de bonne heure pour le prodigue, à l'égard duquel la curatelle était une institution fort ancienne. L'assimilation était rationnelle ; aussi est-elle formellement exprimée par Dioclétien et Maximien » (L. 3, c. II, 22) (1).

____

(1) Machelard, *Obligations naturelles*.

L'assimilation formulée par ces Empereurs était intervenue au sujet d'une vente, mais il faut appliquer la même solution à tous les actes par lesquels les pubères mineurs de 25 ans, pourvus d'un curateur général et permanent, s'obligeaient ou rendaient leur condition pire sans requérir l'assistence de leur curateur. Leur incapacité était donc analogue à celle de l'impubère en tutelle.

Les mineurs de 25 ans qui, au contraire, ne s'étaient pas fait nommer un curateur, conservaient leur entière capacité et n'étaient protégés que par la *restitutio in integrum* au cas de lésion. Leur condition juridique se résumait dans l'adage : *Minor non restituitur tanquam minor, sed tanquam læsus.* Cependant nous verrons que le sénatus-consulte de Septime-Sévère avait modifié cette règle dans une certaine mesure, et que l'aliénation des immeubles et de certains meubles leur était interdite à peine de nullité.

δ. *Sénatus-consulte de Septime-Sévère.* — La dernière modification apportée à la capacité du mineur de 25 ans a été introduite par un sénatus-consulte, rendu sur la proposition de Septime-Sévère, l'an 195 de l'ère chrétienne. Ce sénatus-consulte avait pour but d'interdire aux tuteurs et curateurs, sans une autorisation spéciale du préteur urbain, l'aliénation des *prædia rustica vel suburbana* appartenant aux mineurs. L'aliénation indûment faite était frappée de nullité, et l'acquéreur qui n'avait pu devenir propriétaire était exposé à l'action en revendication du mineur.

Dans quelques cas exceptionnels, l'aliénation était permise sans décret du magistrat, par exemple lorsqu'elle avait été autorisée par le testament du père de famille, ou provoquée par un copropriétaire ou par un créancier hypothécaire.

A l'aliénation proprement dite, les jurisconsultes ont assimilé plus tard les démembrements de la propriété, tels que l'hypothèque, l'usufruit, la constitution d'une servitude prédiale. Constantin étendit même les dispositions du sénatus-consulte aux *prædia urbana* et à certains meubles précieux ; et Justinien l'étendit encore à tous les biens du pupille et du mineur de 25 ans autres que les fruits et les choses dispendieuses à conserver.

Dans tous ces cas, l'aliénation et les divers autres actes qui constituent des démembrements de la propriété, étaient frappés de nullité, lorsque les tuteurs ou curateurs agissaient sans un décret du magistrat ; à plus forte raison, il en était ainsi du pupille et du mineur de 25 ans, et cette prohibition survivait même à l'obtention de la *venia aetatis*.

Telles étaient les restrictions qui avaient été successivement apportées à la capacité des pubères, mineurs de 25 ans ; nous devons maintenant nous étendre plus spécialement sur l'*in integrum restitutio* et rappeler quelles étaient ses conditions générales d'application à l'égard des mineurs en tutelle ou en curatelle.

— *Etude sommaire de l'in integrum restitutio.* — Ce bénéfice avait été introduit par le préteur pour compléter la loi Plætoria et pour permettre aux mineurs de 25 ans qui, sans avoir été trompés, avaient éprouvé néanmoins un préjudice, de faire rescinder les engagements qui leur étaient préjudiciables, bien qu'ils fussent déclarés valables par le droit civil. Le préteur prononçait la rescision de l'acte et remettait juridiquement les choses dans leur état antérieur.

La *restitutio* ne s'appliqua d'abord qu'aux actes faits par le mineur de 25 ans en personne, puisque cette innovation remontait à une époque où les mineurs n'avaient pas de curateurs généraux ; mais, comme l'Edit n'avait pas précisé, il en était résulté d'abord qu'un mineur, assisté d'un curateur spécial, nommé en exécution de la loi Plætoria, pouvait être restitué ; puis, plus tard, après l'introduction des curateurs généraux, que le bénéfice de la *restitutio* était toujours accordé contre un acte fait avec le *consensus* de ce curateur, et même contre les actes d'administration accomplis par le curateur lui-même. Enfin, comme les mêmes raisons existaient pour l'accorder au pupille, la *restitutio* finit bientôt par embarrasser les actes faits avec l'*auctoritas* du tuteur et les actes de gestion du tuteur lui-même.

Deux conditions étaient nécessaires pour demander la *restitutio* : il fallait d'abord prouver l'existence d'un préjudice, et établir ensuite que nulle autre voie de droit ne permettait de réparer le dommage.

Il pouvait y avoir lésion, soit que le patrimoine du mineur ait subi une diminution, par exemple, au cas d'aliénation ou de dissipation de deniers par lui perçus ; soit que le mineur ait seulement négligé de s'enrichir, et qu'il ait, par exemple, répudié une donation ou une hérédité avantageuse, négligé de faire valoir en justice un moyen de défense, laissé usucaper une chose par un tiers ou bien s'éteindre une action temporaire. En résumé, il fallait un appauvrissement dans le sens le plus large du mot, puisqu'on y comprenait même le manque d'acquérir. La lésion devait présenter une certaine importance ; c'était une question de fait laissée à l'appréciation du magistrat ; elle ne devait pas être la conséquence d'un cas fortuit ou d'un dol du mineur, et résulter en particulier d'un acte dans lequel le mineur aurait contracté en se faisant frauduleusement passer pour majeur (1).

L'*in integrum restitutio* était une mesure subsidiaire ; elle ne pouvait être demandée contre un acte déjà nul *jure civili*, par exemple contre un acte par lequel l'incapable avait rendu sans assistance sa condition pire, contre une donation, ou bien contre une aliénation prohibée par le sénatus-consulte de Septime-Sévère. De même encore, le mineur n'était pas restituable, lorsqu'il trouvait satisfaction dans l'exercice des actions qu'il pouvait avoir contre son tuteur ou son curateur, ou bien contre leurs cautions. Il était nécessaire qu'il en fût ainsi, puisque la *restitutio* produisait ses effets contre

____

(1) 2 et 3. C. 2.43.

des tiers de bonne foi et contre des actes valables *jure civili* ; les inconvénients qui résultaient de cette généralité d'application, étaient ainsi en partie évités.

Conformément aux principes généraux, c'était à l'incapable de prouver la lésion sur laquelle il fondait sa demande en rescision, mais lorsque la rescision était prononcée et que l'adversaire voulait répéter la prestation, qu'il avait payée en exécution du contrat, c'était à lui de justifier sa prétention et de prouver que la prestation avait tourné au profit de l'incapable.

Malgré sa généralité, la *restitutio in integrum* était refusée par le préteur dans un certain nombre de cas ; ainsi :

1° Le mineur n'était pas restituable contre les actes qu'il avait passés après avoir obtenu la *venia aetatis*.

La prolongation de la minorité jusqu'à l'âge de 25 ans avait été en effet tempérée par les Empereurs, dans la 2° moitié du III° siècle, par la faculté de solliciter la *venia aetatis*. Ce bénéfice était accordé par rescrit impérial aux femmes dès l'âge de 18 ans, et aux hommes à partir de 20 ans ; il opérait une sorte d'émancipation et produisait les trois effets suivants :

α) Il enlevait au mineur le droit de demander l'*in integrum restitutio* pour ses actes à venir.

β) A l'égard de ses actes antérieurs, il faisait courir le délai dans lequel la *restitutio* devait être demandée, mais avec cette réserve que l'inaction du mineur n'emportait jamais déchéance avant qu'il ait atteint sa 25° année.

γ. Il mettait fin à la curatelle permanente et rendait impossible son rétablissement dans l'avenir.

En un mot, le mineur qui obtenait la *venia aetatis*, était assimilé à un majeur, sauf l'exception qui résultait du sénatus-consulte de Septime-Sévère, dont les dispositions étaient applicables à tous les mineurs de 25 ans sans distinction.

2o Le mineur, en face de son patron ou de son ascendant, ne pouvait se faire restituer à cause de la *reverentia* qui leur était due.

3° Le mineur s'obligeait par son délit sans restitution possible.

4° Enfin, il existait toute une suite d'actes contre lesquels le mineur n'était pas restituable, c'étaient entre autres : la prescription de 30 et 40 ans, pour des raisons d'ordre public, — l'affranchissement, parce que la liberté était irrévocable, — le serment, à cause de son caractère religieux, etc...

L'opportunité de la restitution était laissée à l'appréciation du magistrat, et celui-ci était libre de ne pas la prononcer, s'il ne la trouvait pas suffisamment justifiée (L. 24, § 1, *de minor.*).

L'*in integrum restitutio* était encore susceptible d'être repoussée pour des causes d'un ordre plus général ; il en était notamment ainsi lorsque le mineur, après avoir atteint l'âge de la majorité, avait approuvé ou ratifié l'acte. La ratification pouvait cependant être faite aussitôt la *venia aetatis*, et c'est pourquoi la prescription courait dès cette époque.

La ratification était expresse ou tacite.

Tacite, elle résultait surtout de la prescription ; le délai était primitivement d'une année utile à compter de la majorité acquise, mais, comme ce délai était essentiellement variable, car on le calculait en excluant tous les jours où le magistrat n'avait pas siégé, Justinien y substitua un délai fixe de 4 ans continus, après lequel la poursuite ne pouvait plus être intentée ni continuée.

Les autres cas de ratification tacite, tel que l'exécution volontaire en majorité, étaient laissés à l'appréciation du magistrat.

Ainsi, le droit romain avait posé le principe de la distinction des actes nuls et des actes rescindables pour cause de lésion.

Les actes nuls pour cause d'incapacité étaient ceux que le pupille avait consentis *sine auctoritate tutoris*, et le mineur de 25 ans, pourvu d'un curateur, *sine consensu curatoris*.

Sur la même ligne, se trouvaient les actes nuls pour vice de forme ; c'étaient ceux que le sénatus-consulte de Septime-Sévère avait soumis à l'observation de certaines formalités.

La *restitutio in integrum* s'appliquait au contraire aux

actes passés par le mineur de 25 ans non pourvu d'un curateur, — ou bien aux actes, même valablement faits par le pupille ou le mineur de 25 ans, pourvu d'un curateur, lorsqu'ils causaient à ces incapables un préjudice contre lequel ils ne pouvaient invoquer aucun autre moyen de droit.

C'est ce système que certains auteurs ont voulu retrouver dans notre Code civil ; lorsque nous réfuterons leur opinion, nous aurons l'occasion de signaler les critiques que soulèverait l'application des mêmes principes non seulement au point de vue des textes, mais encore au point de vue des intérêts des incapables eux-mêmes.

Il convient de remarquer cependant que la *restitutio in integrum* contient en germe le principe qui devait régir l'incapacité du mineur dans l'ancien droit puis dans le Code civil ; de nombreuses modifications ont été apportées dans son application, mais l'idée s'est toujours conservée ; elle a même pris une place prépondérante dans les législations futures et inspiré la formule toujours exacte : *Minor non restituitur tanquam minor, sed tanquam læsus.*

DROIT ÉCRIT

Dans les pays de droit écrit, le droit romain avait conservé une place prépondérante ; les provinces du Midi étaient en effet restées plus longtemps sous la domination romaine et avaient échappé en partie aux invasions des Barbares, — aussi, quand la science du droit se releva, le droit romain redevint le droit commun du midi, et, sauf les modifications que devaient introduire la jurisprudence ou même les coutumes locales, presque toutes ses dispositions continuèrent à s'appliquer.

1. — *Impubères.* — De même qu'à Rome, l'enfant restait impubère jusqu'à 12 ou 14 ans suivant le sexe. L'impuberté se divisait en deux périodes : la première se terminait à l'âge de 7 ans, et jusqu'à cette époque, le pupille était frappé d'une incapacité de fait absolue.

Dans la seconde, qui cessait avec l'arrivée de la puberté, le pupille pouvait au contraire faire sa condition meilleure, mais il ne pouvait rendre sa condition pire, c'est-à-dire s'obliger.

L'impubère était en tutelle, mais l'organisation n'en était plus la même qu'à Rome. Notre ancien droit ne connaissait plus en effet l'*auctoritas tutoris* : « il faut remarquer, dit Claude Serres (1) que, par l'usage du royaume, le tuteur fait encore plus qu'intervenir dans les actes et d'y autoriser le pupille ; c'est au contraire le tuteur lui-même qui, en cette qualité, agit, plaide, est assigné, ou contracte pour le pupille, ou est condamné en ladite qualité. » Ainsi, le tuteur agissait lui-même, il ne donnait plus seulement son *auctoritas*, aussi les impubères contractaient rarement avec les tiers et c'est pourquoi nos vieux auteurs ne prévoient que rarement cette hypothèse.

En principe, la sanction de leur incapacité était la même qu'à Rome, mais il faut ici tenir compte de la règle « Voies de nullité n'ont point de lieu en France », suivant laquelle on ne pouvait invoquer une cause de nullité, tirée du droit romain, sans avoir obtenu la rescision préalable. L'impubère ne pouvait opposer directement son incapacité ; il devait, au préalable, obtenir des lettres de rescision, accordées sans examen de l'affaire par les Chancelleries des Parlements, mais qui lui permettaient de porter sa demande devant les juges royaux, et ceux-ci statuaient alors sur le fond de l'affaire. Ils jugeaient suivant les faits, et faisaient dépendre en réalité la rescision, non de l'incapacité de l'impubère, mais du préjudice que l'acte lui causait. Il est vrai que ce préjudice était présumé, mais le tiers pou-

____

(1) *Institut. du droit français*, p. 59.

vait en prouver l'absence et empêcher ainsi la rescision.

On arrivait ainsi à changer dans l'application le caractère de l'incapacité du mineur en tutelle, puisqu'elle n'était admise en fait que dans le cas où l'acte lui était préjudiciable.

II. — *Pubères, mineurs de 25 ans.* — L'arrivée à l'âge de puberté émancipait l'enfant de plein droit et faisait disparaître complètement son incapacité. Telle était la doctrine primitive, mais, sous l'influence romaine, cet état de choses ne tarda pas à disparaître ; nous en trouvons la preuve dans les nouvelles coutumes d'Auvergne, publiées le 1ᵉʳ mars 1510 (1).

ART. 1. — « Combien que par cy-devant, par la coutume du pays coutumier d'Auvergne, le mâle âgé de 14 ans et la fille de 12 ans accomplis, fussent réputés d'âge parfait pour ester en jugement, faire et passer tous contrats comme majeurs de 25 ans, néanmoins les Etats du Pays ont consenti et consentent ladite coutume être abrogée, et le droit commun en ce avoir lieu pour raison des inconvénients qui par cy-devant, s'en sont ensuivis, et obvier à ceux qui pourraient s'ensuivre. »

Puis l'article 2 indique le tempérament :

« Et par ce dorénavant, le mineur de 25 ans ne pourra, par contrat de mariage ny autrement, disposer de ses biens immeubles, sans autorité de curateur et décret de juge, soit par convenance de succéder ny autre. »

(1) B. de Richebourg, IV, p. 1168, art. 1 et 2, t. 13.

L'usage s'introduisit alors de donner des curateurs à quelques adultes et bientôt il devint de droit commun que l'impubère passât directement de la puissance du tuteur sous celle d'un curateur.

L'assistance du curateur devint nécessaire pour les actes les plus importants : action en justice, reddition du compte de tutelle, acceptation ou renonciation à une hérédité, donation entre vifs, hypothèque des immeubles, emprunt, etc.

Le défaut d'assistance, de même que l'inobservation des formalités prescrites, était sanctionné par la nullité des actes pour lesquels ces conditions étaient requises.

On appelait ces curateurs « curateurs autorisants » par opposition aux curateurs « comptables » qui géraient et administraient, mais dont l'usage était assez rare (1). Ils étaient donnés pour servir de conseil et autoriser les mineurs ; Meslé (2) les compare aux « tuteurs qu'avaient les femmes majeures non mariées dans l'ancien droit romain, tuteurs qui autorisaient la gestion, mais qui ne géraient point ».

Toutefois, les actes pour lesquels l'autorisation du curateur était spécialement requise, ou qui étaient soumis à l'observation de certaines formalités, étaient seuls entachés de nullité. Tous les autres n'étaient que rescindables pour cause de lésion ; les actes d'administration étaient aussi rescindables pour cette cause et ce

(1) Meslé, *Traité des minorités*, p. 279.
(2) *Id.*, p. 20.

fut seulement à la fin du 17ᵉ siècle qu'un arrêt rendu par le parlement de Grenoble, le 16 avril 1868, vint changer la jurisprudence et mettre ces actes à l'abri de toute restitution. Meslé (1) le constate, en résumant la jurisprudence des parlements de droit écrit : « il est, dit-il, demeuré d'usage ordinaire dans les parlements de droit écrit que le mineur, à l'âge de puberté, entre en jouissance de ses biens et devient maître de ses meubles et du revenu de ses immeubles. »

Claude Serres (2) nous donne le même témoignage : « S'il ne s'agit, dit-il, que de simples intérêts ou revenus, les mineurs en peuvent recevoir le paiement et en fournir quittance valable, sans formalités de justice et sans l'assistance de leur curateur. »

La puberté émancipait donc l'enfant de plein droit ; il faut en effet remarquer que, malgré l'influence du droit romain, le droit écrit n'avait pas distingué suivant que le mineur de 25 ans avait un curateur ou n'en avait pas. Le principe primitif, suivant lequel le pubère, mineur de 25 ans, était capable de contracter, sauf la restitution au cas de lésion, s'était toujours conservé ; dans certains cas, la nullité avait cependant lieu de plein droit, mais ces cas étaient exceptionnels et la condition du mineur pourvu d'un curateur continuait à être régie en principe par la règle *Minor non restituitur tanquam minor, sed tanquam læsus.*

(1) *Tr. des minorités*, p. 241.
(2) *Inst. du droit franç.*, p. 142.

C'était, du reste, l'opinion de la plupart de nos anciens auteurs ; Claude Serres (1) écrivait que le défaut seul du curateur « n'opère pas que l'acte soit emporté, s'il n'y a pas de lésion », et Meslé (2) disait aussi que l'âge de puberté avait pour effet de donner au mineur « le pouvoir de s'obliger, même sans l'autorité du curateur, pourvu qu'il n'aliène pas ou n'hypothèque pas ses immeubles ».

(1) *Inst. du droit franç.*, p. 62.
(2) *Tr. des min.*, ch. IX, n° 8, p. 241.

DROIT COUTUMIER

EXPOSÉ GÉNÉRAL DE LA DOCTRINE COUTUMIÈRE.

La législation coutumière a envisagé d'une façon nouvelle l'incapacité du mineur et lui a donné la formule suivante : *Minor non restituitur tanquam minor, sed tanquam læsus.* Pour faire valoir son incapacité, il ne suffit plus au mineur d'invoquer sa minorité, il lui faut encore prouver que l'acte lui cause un préjudice ; le mineur n'est donc pas incapable de s'obliger, il est seulement incapable de se léser.

Cette théorie a prévalu pendant la plus grande partie de l'ancien droit, et notamment dès le XVIe siècle, elle était admise d'une façon générale ; mais, dans leurs ouvrages, nos anciens auteurs n'ont pas su la dégager nettement et l'exposer sous une forme originale, complètement indépendante du droit romain. Ils déclaraient en effet que le mineur était incapable de contracter, puis ils ajoutaient que son incapacité n'était admise que dans le cas de lésion ; ces deux propositions étaient en principe inconciliables et furent la cause de nombreuses contradictions entre les différents auteurs.

En réalité, c'était sur le principe de la restitution

pour cause de lésion que reposait l'incapacité du mineur ; le droit coutumier avait ainsi rompu avec la tradition romaine, et c'est ce que nous allons essayer d'établir en rappelant que la doctrine et la jurisprudence n'ont plus varié sur ce point dans la dernière partie du droit coutumier. Nous trouverons là un des meilleurs arguments pour soutenir que la même doctrine a dû passer dans le Code civil et pour répondre aux objections fondées sur l'autorité du droit romain.

Les premiers documents datent du XIIIe siècle. A cette époque, la période de la minorité durait jusqu'à l'âge de 15 ans, et déjà, la capacité de ce mineur de 15 ans, suivant Pierre de Fontaines et Beaumanoir, était contenue dans la formule : *Minor non restituitur tanquam minor, sed tanquam læsus.*

Sa condition était la même que celle du mineur de 25 ans du droit romain ; comme ce dernier, il ne pouvait obtenir la rescision des engagements qui ne lui causaient aucun préjudice.

Voici comment s'exprimait Pierre de Fontaines (1) bailli de Vermandois : « La lois escrite dit bien qu'on ne doit mie aider au sous-agiez en toz poinz, mès on les doit bien gardier qu'ils ne soient déceuz. »

La « lois escrite », c'est le droit romain, auquel Pierre de Fontaines fait de nombreux emprunts et dont le livre est souvent une traduction du Digeste et des diverses lois

____

(1) *Conseils à un ami*, I, p. 85.

romaines, accompagnée seulement d'additions sur le droit général de Vermandois. C'était la règle romaine qui était appliquée au sous-agiez, mais il faut remarquer que, dès cette époque, Pierre de Fontaines lui donnait un sens nouveau et abandonnait la tradition romaine, car il faisait ainsi reposer l'incapacité du mineur sur des textes qui, à Rome, avaient été faits pour des mineurs de 25 ans, c'est-à-dire pour des personnes capables.

Les coutumes de Beauvoisis (1253), de Baumanoir (1) contiennent le même témoignage. Dans son ouvrage, Beaumanoir, tout en parlant spécialement des Coutumes de Beauvoisis, signale le droit général des autres pays de coutumes ; c'est une œuvre de science pratique, essentiellement coutumière. Cependant, la doctrine est la même et Beaumanoir en fait spécialement l'application au cas d'une vente, consentie par un mineur qui, devenu majeur, veut la faire rescinder. « On doit, dit-il, moult regarder la manière du marcié, comment il fu fes : et s'on voit qu'il fust fes sans fraude et sans malice, por le profit du sous-aagié ou pour se grant nécessité, on doit fere le marcié tenir. Et s'on voit que li marciés fu fes malicieusement, en dechevant ou en damachant le sous-aagié, se cil le debat quand il vient en aage, il pot pledier de la dechevance qui fu fete ; et adont li marciés ne sera pas tenus. »

(1) I, p. 267, n° 8.
Dans le même sens, *Livre de jostice et de Plet* (l. 3, ch. 9, § 4, p. 118).

Les mêmes principes continuèrent à être généralement admis au XIV⁰ siècle (1); cependant, sous l'influence
progressive du droit romain, l'organisation primitive
de la minorité allait être profondément modifiée. On
reproduisit la théorie romaine ; la majorité fut fixée à
12 ou 14 ans, suivant le sexe, puis on créa des mineurs
de 25 ans, assistés d'un curateur, auxquels on étendi-
le bénéfice de restitution en entier réservé jusque là
au « sous-aagié ».

Nous en trouvons déjà la preuve au XIV⁰ siècle dans
les anciennes constitutions du Châtelet de Paris (2) et
dans la très ancienne coutume de Bretagne (3) de 1330,
dont l'article 84 dispose que : « Homme ou femme qui
sont sous l'âge de 25 ans sont mineurs. »

Cependant, il existait encore au XV⁰ et même au début du XVI⁰ siècle des coutumes qui reconnaissaient une
capacité complète à des enfants de 12 ou 14 ans. Mais
ceci ne devait pas durer et presque toutes furent modi-
fiées au moment de leur seconde rédaction. Les unes
reculèrent la majorité jusqu'à 25 ans (cout. d'Auvergne,
1510, ch. 13, art. 1 et 3, — de Nivernais, 1534, — d'Or-
léans, 1583, t. 9, art. 182) ; les autres refusèrent au mi-

---

(1) Suivant Bouteillier, le pupille « peut demander et avoir droit
de restitution entérine » mais « restitution aux pupilles fut ordon-
née, pour ce qu'ils ne fussent deceus, non pas pour leurs volontez
ne plaisances dommageuses accomplir » (*Somme rurale*, titre 92).

(2) Textes des. *Cout. de la Prévosté de Paris*, Paris, 1777, art. 72, III,
p. 267.

(3) *Coutumier génér.*, IV, p. 221.

neur, jusqu'à un âge variant entre 16 et 25, le droit d'aliéner ses immeubles sans l'autorisation d'un curateur et sans observer les formalités requises dans l'intérêt des sous-aagés (Boulenois, 1550, art. 119, — Touraine, 1559, art. 351. — Péronne, 1567, art. 233. — Amiens, 1567, art. 135. — Artois, 1544, art. 154. — Lille, 1533, ch. IV, art. 1. — Douai, 1627, ch. 7, art. 1).

Ces dernières coutumes défendaient seulement au mineur l'aliénation de ses immeubles, jusqu'à un certain âge, généralement fixé à 25 ans, mais elles gardaient le silence sur les autres actes. Fallait-il en conclure qu'elles lui reconnaissaient une capacité complète pour tous ces actes?

Il en fut peut-être ainsi au début, mais sous l'influence du droit romain, il y eut bientôt une tendance à restreindre cette capacité, afin de permettre à tous les mineurs de 25 ans sans exception, d'invoquer la restitution en entier contre les actes qui leur étaient préjudiciables.

C'est à Dumoulin principalement que l'on doit ce résultat ; dans ses *Notes sur les Coutumes de France*, il réservait toujours l'application de la restitution, même dans les coutumes où la majorité était fixée avant 25 ans. Il commentait (1) en ces termes l'article 120 de la coutume de Boulenois, qui n'exigeait l'âge de 25 ans que pour les aliénations immobilières : « le mâle est majeur

(1) *Notes sur les coutumes*, p. 261.

à 15 ans et la femelle à 12 ans pour pouvoir ester en
jugement et faire actes et contrats qui ne tendent point
à l'aliénation du fonds de leurs immeubles..... et aussi,
disait-il. excepté quant aux autres choses le bénéfice de
restitution en entier, si la matière y est disposée. »

Au sujet des coutumes d'Artois, de Lorris, d'Anjou,
du Maine, il faisait encore la même restriction : *salva
tamen restitutione in integrum.*

Ces notes de Dumoulin avaient eu à leur époque une
grande influence, au point que, disait-on (1), elles « sont
authorisées jusqu'au point qu'il serait plus facile de con-
tredire un arrest qui aurait jugé une question de coutume, que de combattre un de ces apostils qui font
tomber les armes aux plus hardis et aux plus opiniâ-
tres ; il ne faut donc pas s'étonner si ces notes ont servi
à la réformation de la plus grande partie des coutumes,
faite depuis 1568 ».

La doctrine de Dumoulin avait été adoptée par les
Parlements ; toutefois, quelques arrêts reconnaissaient
encore au XVIIe siècle une capacité complète avant
l'âge de 25 ans ; mais ils étaient exceptionnels, et le
grand Conseil du Roy pouvait constater dans un arrêt,
rendu en 1717, que la jurisprudence était définitivement établie sur ce point. Le grand Conseil du Roy
donnait ainsi sa sanction à un arrêt du Parlement de
Paris du 13 juillet 1716 concernant la restitution des

______

(1) Préface des *Notes sur les coutumes.*

mineurs, qui jugeait que le mineur de 25 ans, quoique majeur de 20 ans, suivant la coutume d'Artois (art. 154), était restituable jusqu'à l'âge de 25 ans. Le Conseil d'Artois, appliquant l'article 154 à la lettre, avait reconnu une capacité complète au majeur de 20 ans ; l'appel de cette décision, porté devant le Parlement de Paris, y fut admis, puis confirmé par le Conseil du Roy auprès duquel les États d'Artois s'étaient à leur tour pourvus.

Ainsi, progressivement, grâce aux efforts de Dumoulin, la majorité parfaite, celle qui donnait le droit de faire tous les actes juridiques sans possibilité de restitution, ne s'acquérait désormais qu'à 25 ans. Seul, le Parlement de Rouen, soutenu par d'Argentré, fit exception et appliqua à la lettre l'article 38 des Placités Normands de 1666 (1), ainsi conçu : « toute personne née en Normandie, soit mâle ou femelle, est censée majeure à 20 ans accomplis, et peut, après ledit âge, vendre et hypothéquer ses biens, meubles et immeubles, sans espérance de restitution, sinon pour les causes suivant lesquelles les majeurs peuvent être restitués. »

Le mouvement avait été général dans toute la France coutumière ; l'évolution s'était produite surtout au moment de la seconde rédaction des coutumes. Les unes avaient reculé la majorité jusqu'à l'âge de 25 ans ; les autres, moins nombreuses, faisaient au contraire cesser

____

(1) *Cout. génér.*, IV, p. 155, 156.

la minorité au-dessous de 25 ans ou disposaient seulement que l'aliénation et l'hypothèque des immeubles étaient interdites au mineur avant cet âge, mais nous venons de voir que la restitution en entier n'en restait pas moins ouverte dans tous les cas jusqu'à la majorité parfaite de 25 ans. Ces dernières coutumes étaient appelées coutumes à « majorités coutumières ». Cette majorité ne produisait pas plus d'effet qu'une émancipation légale : le majeur coutumier prenait en main l'administration de son patrimoine et pouvait disposer de ses biens mobiliers ; ses actes ne donnaient lieu qu'à la rescision pour cause de lésion, à moins que des formes spéciales ne fussent prescrites pour certains actes (aliénation, hypothèque des immeubles, emprunt, etc.). Les majeurs coutumiers pouvaient même, dans les coutumes qui fixaient un âge à partir duquel le mineur de 25 ans avait le droit d'aliéner ou d'hypothéquer ses immeubles, disposer dans ces conditions de leur droit de propriété, sans remplir les formalités prescrites à l'égard des mineurs en général et sous le seul bénéfice de la restitution en entier. Mais ils n'ont pu être assimilés complètement aux mineurs émancipés, qu'à partir du XVIIIe siècle, lorsque les actes d'administration et de disposition des meubles ne furent plus rescindables pour cause de lésion ; jusqu'à cette époque, leur condition rappelait plutôt celle des *minores XXV annis*, non pourvus d'un curateur.

Ainsi, dès la fin du XIV° siècle, la renaissance du droit romain avait entraîné la création de mineurs de 25 ans, dont les engagements étaient rescindables pour cause de lésion.

Mais bientôt sous la même influence, on devait être conduit à reproduire la distinction qui existait à Rome entre les *pupilli* et les *minores XXV annis*. Il résulte en effet des documents qui nous sont parvenus que, non seulement l'âge de la majorité avait été fixé, comme à Rome, à 12 ou 14 ans suivant le sexe, mais aussi que la condition du sous-aagé avait été modifiée et que le mineur en tutelle était désormais frappé d'une incapacité générale de contracter, sans être autorisé par son tuteur. Ainsi, la coutume de Berry (1) de 1539 déclarait que la restitution en entier était octroyée aux enfants, pourvus de curateurs, contre les actes, autres que l'aliénation d'immeubles, dans lesquels ils étaient « deceux et circonvenus par leur facilité » et que les engagements pris par les personnes en puissance de tuteur étaient « du tout nuls et de nul effet et valeur ».

La même distinction se retrouvait dans les coutumes, et c'étaient les plus nombreuses, qui avaient fixé à 25 ans l'âge de la majorité parfaite ; jusqu'à 12 ou 14 ans, le mineur avait un tuteur et tous les actes qu'il passait seul étaient entachés de nullité ; de cet âge jusqu'à 25 ans, il avait un curateur, et, sauf quelques actes nuls

_____

(1) T. 1, art. 1, n°⁵ 16 et 17 ; *Coutum. gén.*, III, p. 936

pour vice de forme, tous ceux qu'il passait sans l'assistance de son curateur n'étaient que rescindables pour cause de lésion.

Cette évolution s'était également produite dans les coutumes à majorités coutumières ; puisque les majeurs coutumiers étaient en quelque sorte assimilés aux *minores XXV annis*, il était logique en effet d'assimiler à leur tour les mineurs coutumiers aux pupilles romains, et de déclarer nuls les engagements qu'ils contractaient sans être assistés de leur tuteur ; c'est ce résultat que nous pouvons constater dans plusieurs coutumes (Bourbonnais, 1521, art. 171 et 173, — Lorraine, t. 4, art. 13, — Epinal, t. 3, art. 10, — Péronne, sommaire). La renaissance du droit romain avait donc entraîné la disparition des principes admis au XIII° et pendant une partie du XIV° siècle ; l'incapacité du mineur en tutelle n'était plus une incapacité d'être lésé, mais une incapacité générale de s'obliger. Ces nouveaux principes furent appliqués pendant tout le XV° siècle et une grande partie du XVI° siècle, jusqu'à l'apparition de la règle : *tutelle et curatelle n'est qu'un.*

Ecrite pour la première fois, dans la coutume de Lorris et de Montargis (1571), cette règle fut bientôt reproduite sous des formes diverses dans la plupart des autres coutumes (Senlis, art. 155 ; Sens, art. 159 ; Bourbonnais, art. 180 ; Bretagne, art. 508 et 509, etc.) et admise par les principaux auteurs : Dumoulin, Loysel, Coquille, etc.

Elle eut pour effet de supprimer toute distinction

entre la tutelle et la curatelle ; c'est ainsi que Coquille (1)
pouvait dire que la « distinction des charges de tuteur
et de curateur est umbratile et superficiaire ».

Le mineur devait rester en puissance de tuteur
jusqu'à 25 ans ; par suite tant qu'il n'avait pas atteint
cet âge, il aurait dû être traité comme un mineur en tutelle et ses actes auraient dû être entachés de nullité.
Il n'en fut rien cependant ; le principe de la restitution
pour cause de lésion devait au contraire triompher. Son
importance n'avait en effet cessé de s'accroître ; d'un
côté il s'appliquait aux mineurs en tutelle, qui avaient
conservé le droit de se faire restituer pour cette cause
contre les actes régulièrement faits par leur tuteur et
même contre les actes d'administration ; de l'autre,
il avait été étendu aux mineurs de 25 ans, dont la
capacité se résumait dans la formule : *Minor non restituitur tanquam minor, sed tanquam laesus* et s'appliquait à tous les actes qui leur étaient préjudiciables,
à moins qu'ils ne fussent déjà nuls pour vice de forme.

La restitution constituait ainsi en quelque sorte, la
sanction principale de l'incapacité des mineurs ; il ne
faut donc pas s'étonner que la lésion soit devenue le
fondement même de cette incapacité.

L'autorité dont jouissait le droit romain à cette époque devait encore faciliter ce résultat ; nos anciens auteurs, trompés par la similitude de nom, ont en effet

____

(1) *Comment. sur la Cout. de Nivernais*, art. 8, ch. 70.

appliqué aveuglément aux mineurs de 25 ans des pays de coutumes, les textes qui visaient les *minores XXV annis* du droit romain. La situation n'était cependant plus la même, car depuis l'adoption de la règle « tutelle et curatelle n'est qu'un », les mineurs restaient en tutelle jusqu'à 25 ans et les coutumes déclaraient en conséquence qu'ils étaient incapables de s'obliger. Nos anciens auteurs appliquaient donc à des personnes incapables, encore en tutelle, des textes qui, à Rome, visaient des personnes capables suivant le droit civil. En théorie, ils continuaient à proclamer l'incapacité du pupille, mineur de 25 ans ; mais, en fait, ils ne lui permettaient de l'invoquer que dans les cas où l'acte lui était préjudiciable ; ils revenaient ainsi à la formule « *Minor non restituitur*... et ils en faisaient l'application à tous les mineurs en tutelle.

Il en résultait une grande confusion dans la doctrine ; la plupart des auteurs étaient en contradiction les uns avec les autres, quand ils ne l'étaient pas avec eux-mêmes. Au XVIe siècle. Guy Coquille prononçait la nullité des « contrats faits par le fils de famille ou autres étant en puissance de tuteur ou curateur » tandis que Charondas le Charon posait le principe de la restitution pour cause de lésion.

Merville (1) et Meslé (2), qui avaient cependant écrit des traités spéciaux sur la matière, faisaient la même

(1) *Traité des majorités coutumières et d'ordonnances.*
(2) *Traité des minorités*, p. 502 et p. 482.

confusion. Merville, après avoir dit du mineur que « tous les actes qu'il ferait seraient nuls et de nulle valeur » regardait plus loin comme « une maxime constante qu'un mineur n'est pas indistinctement restitué *tanquam minor*, mais *tanquam laesus* ».

Meslé semblait également poser le principe de l'incapacité du mineur dans ces termes : « En France où les mineurs ne peuvent ni contracter ni s'obliger sans l'autorité du tuteur ou du curateur » alors que dans un autre passage, il écrivait : « Le moyen qu'a le mineur pour revenir contre les contrats et les obligations, que lui autorisé de son tuteur ou de son curateur, ou sans assistance de tuteur ou curateur, ou le tuteur ou le curateur sans le mineur, ont passés, c'est la restitution en entier, qui se fait par le moyen des lettres de rescision. »

Pothier lui-même ne s'était pas exprimé d'une façon plus précise. « Les mineurs, dit-il, qui commencent à avoir quelque usage de raison, sont plutôt incapables de s'obliger en contractant, qu'ils ne sont incapables absolument de contracter : ils peuvent, en contractant sans l'autorisation de leur tuteur ou curateur, obliger les auteurs envers eux, quoiqu'ils ne puissent s'obliger envers les autres » (*Traité des oblig.*, n° 52). Telle était la situation du pupille romain et nous avons déjà vu que la sanction de cette incapacité consistait en une action en nullité. Cependant, au sujet de la lésion entre mineurs, Pothier s'exprimait ainsi (n° 40) : « Les mineurs sont admis à la restitution contre leurs conventions, non seulement pour cause de lésion énorme, mais pour quelque lésion que ce soit. »

De même encore, Pothier mentionnait comme moyen de nullité (*Tr. de la procéd. civ.*, part. V, ch. 4, art. 1) : « le même défaut d'incapacité contre des actes qui contiendraient quelque promesse ou quelque aliénation faite par un mineur non émancipé ou par interdit » ; c'était l'incapacité de rendre sa condition pire du pupille romain. Puis, dans l'article 6, il disait que « en général, les mineurs sont restituables contre quelque espèce d'actes que ce soit, par lequel ils ont été lésés ».

Voici enfin le langage que tenait Merlin (1) : « A l'égard des contrées où, avant le Code civil, la tutelle se fondait avec la curatelle, il est évident qu'on devait leur adopter les lois romaines relatives aux mineurs en tutelle, et par suite regarder comme nuls, en tant qu'ils préjudiciaient à ceux-ci, tous les contrats qu'ils passaient sans l'autorisation de leurs tuteurs. » Mais plus loin, le même auteur atténuait notablement cette nullité : « Lorsque, disait-il, les actes ou les contrats sont nuls en la forme, comme lorsque le tuteur ou le curateur n'y était pas présent, il n'est pas nécessaire d'obtenir des lettres de rescision pour les faire annuler. Cependant, quoique la vérité de ce principe soit universellement

(1) *Répertoire, Mineur*, § 1, n° 3 et § IX, n° 1.

reconnue, il est bien rare dans la pratique, qu'on n'ait pas recours aux lettres de rescision dont on demande en tant que de besoin, l'entérinement : il faut, pour négliger ce moyen, que la nullité soit bien clairement prononcée par les Ordonnances, les Coutumes ou les Règlements. »

Ainsi, la doctrine, tout en proclamant la nullité des obligations du mineur, ne reconnaissait cependant cette nullité que dans les cas où le mineur avait éprouvé une lésion.

La jurisprudence se prononçait dans le même sens ; nous en trouvons la preuve, dès le XVIIe siècle, dans de nombreux arrêts ; notamment, un arrêt rendu par le Parlement de Paris (1), le 21 juillet 1682, posait nettement le principe de la restitution pour cause de lésion et décidait que « les engagements des mineurs sont valables et légitimes en général, mais qu'ils ont cet avantage par dessus les autres qu'ils peuvent en connaissance de cause se faire restituer ».

Les recueils de jurisprudence contiennent une foule de décisions statuant sur l'entérinement des lettres de rescision, dans des cas où le mineur avait agi seul (2).

(1) *Journal du Palais*, II, p. 348.

(2) Arrêts des 6 mars 1620, 26 mars 1624, rapportés dans Meslé p. 136, — 5 février 1763 rapporté dans Denizart : *Coll. de décisions nouvelles*, III, *Mineurs*, p. 336 ; ce dernier arrêt rappelle les arrêts de 1620 et de 1624 et mentionne encore des arrêts rendus le 6 février 1691 et le 18 février 1716, dans des cas où le mineur s'était fait passer pour majeur et avait par conséquent agi seul.

Actes nuls en la forme

Tous les actes étaient rescindables pour cause de lésion ; cependant, dans certains cas, il n'était pas nécessaire d'invoquer une lésion pour les faire tomber. Le droit coutumier exigeait en effet pour les actes particulièrement importants, l'accomplissement de certaines formalités (avis de parents, permission de juge, publication, estimation d'experts, etc.). Ces actes étaient principalement : les aliénations mobilières, l'emprunt, l'acceptation ou la répudiation d'une hérédité, l'acceptation ou le refus d'une donation ; l'inobservation des formalités auxquelles ils étaient soumis, suffisait pour entraîner leur nullité.

En réalité toutefois, cette nullité n'était pas la conséquence de l'incapacité du mineur ; elle reposait plutôt sur une présomption de lésion qui, d'ailleurs, ne pouvait être combattue qu'au cas de réception de paiement ou d'emprunt.

L'accomplissement des formalités requises n'enlevait du reste pas aux mineurs le droit de demander la restitution et Domat (1) nous dit que le mineur pouvait même se faire relever pour lésion d'un acte fait en justice.

(1) L. IV, t. VI, sect. 2, n° 19.

Emancipation.

La prolongation de l'incapacité jusqu'à 25 ans avait rendu nécessaire un tempérament analogue à la *venia aetatis* du droit romain : les mesures de protection prises en faveur des mineurs dépassaient parfois leur but, et principalement l'éventualité de la restitution en entier était susceptible de nuire au crédit des incapables et empêchait souvent les tiers de contracter avec eux ou avec leurs représentants. C'est pour remédier à ces inconvénients que fut créée la classe des mineurs émancipés.

L'émancipation avait lieu soit par le mariage, soit par lettres du prince concédant le bénéfice d'âge. Le second mode avait été emprunté au droit romain, et Meslé (1) nous dit en effet que « dans la pratique, on a donné le nom d'émancipation à ce qui fait le sujet du titre au code : *De his qui veniam aetatis impetraverunt* ». Elle était permise à partir de 18 ans pour les femmes et de 20 ans pour les hommes.

Le mineur émancipé acquérait une certaine capacité ; il avait l'administration de ses biens, touchait ses revenus et il pouvait valablement faire tous les contrats intéressant ses meubles, sans espoir de restitution pour cause de lésion. Telle était la disposition de la coutume de Paris (art. 272) et tel était aussi le droit commun en pays coutumiers.

(1) *Tr. des minorités*, p. 267.

Mais le mineur émancipé n'avait que le droit d'administrer ses biens ; il ne pouvait les aliéner ou les hypothéquer ; il ne pouvait également ester en jugement sans l'assistance d'un curateur qui était créé à cet effet et qu'on appelait « curateur aux causes ». Il était, en général, pour tous les actes qui dépassaient son droit d'administration, dans la même situation que le mineur non émancipé.

**Procédure. — Différences entre l'action en nullité
et l'action en rescision.**

L'incapacité du mineur était sanctionnée tantôt par une action en nullité, tantôt par un action en rescision.

Dans le droit coutumier, la distinction entre ces deux actions était très accentuée ; l'origine paraît en remonter à l'Ordonnance de Montil-lez-Tours (1454), qui prescrivit la rédaction officielle des coutumes. Dès lors, toutes les dispositions qui ne furent pas sanctionnées par la coutume n'eurent plus qu'une autorité morale, susceptible cependant de devenir effective par l'assentiment des pouvoirs publics, représentés par les Chancellerie des Parlements. C'est de là que résultent les différences entre l'action en nullité et l'action en rescision.

Ces deux actions différaient sous le triple rapport des causes qui y donnaient ouverture, de la manière de les intenter et de la prescription à laquelle elles étaient soumises.

I. — L'action en nullité s'appliquait aux obligations dont la nullité était prononcée par les Coutumes rédigées ou par les Ordonnances royales.

L'action en rescision s'appliquait, au contraire, aux obligations dont l'invalidité était fondée sur le droit romain ou l'équité naturelle ; elle était principalement admise pour cause d'erreur, de violence, de dol, de lésion, c'est-à-dire dans les cas où, à Rome, il y avait lieu à la *restitutio in integrum*.

Cette première différence correspondait à trois sortes de nullités : les nullités d'ordonnances et les nullités de coutumes, sanctionnées par l'action en nullité ; et les nullités de droit, sanctionnées par l'action en rescision.

II. — La demande en nullité était admise *de plano* par le juge, tandis que, pour former une demande en rescision, il fallait au préalable se pourvoir de lettres de rescision. Ces lettres étaient délivrées au nom du Roi, sur simple requête, par les Chancelleries des Parlements, qui les octroyaient sans examen de l'affaire et ne les refusaient jamais ; le recours à la chancellerie royale n'avait, en effet, d'autre but que de faire reconnaître la puissance royale, et surtout de donner ouverture à la perception de droits fiscaux importants (droit d'expédition, de timbre, de sceau, etc.).

Le mineur pouvait donc porter directement son action devant le juge, lorsque la nullité était expressément prononcée par la coutume ; par exemple, lorsque la nullité de l'acte avait pour cause l'inobservation des formes prescrites par la coutume.

Il devait, au contraire, demander des lettres de rescision, s'il faisait valoir son incapacité de s'obliger, car cette incapacité, admise seulement en cas de lésion, venait du droit romain.

III. — L'action en nullité ne se prescrivait en règle générale que par 30 ans, tandis que l'action en rescision était soumise à la prescription de 10 ans.

Meslé (1) nous rapporte cependant que les mineurs, pour se faire restituer « n'avaient anciennement qu'un an, c'est-à-dire depuis 25 ans jusqu'à 26 ans » et Beaumanoir (2), au XIIIe siècle, disait en effet : « Bien se gart cil qui a esté sous aagiés et il s'aperchoit c'on li ait fet tort ou decevance el tans qui fu sous aage ; que il, dedens l'an et le jor qu'il est en aage, en soit plaintis, s'il veut avoir restablissement. »

On trouve pour la première fois trace de la prescription spéciale de 10 ans, relative à l'action en rescision, dans une ordonnance rendue par Louis XII en juin 1510 (art. 46), et peu après dans une ordonnance de François Ier du mois d'octobre 1535 (art. 30, ch. VII).

Quelques années plus tard, l'ordonnance de Villers-Cotterets, rendue par François Ier en 1539, vint unifier le délai des deux actions ; c'est ce qui résulte de l'arti-

(1) *Tr. des minorités*, p. 492.
(2) *Cout. de Beauvoisis*, 1, p. 265, n° 4.

cle 134 ainsi conçu : « Nous, voulant oster aucunes difficultés et diversités d'opinions qui se sont trouvéez par ci-devant, avec le temps que se peuvent faire casser les contrats faits par les mineurs, ordonnons qu'après l'âge de 35 ans parfaits et accomplis, ne se pourra, pour le regard du privilège ou faveur de minorité, plutost déduire ne poursuivre la cassation des dits contracts en demandant ou défendant, par lettres de relièvement ou restitution ou autrement, soit par voie de nullité pour aliénation de biens immeubles, faite sans décret ni authorité de justice. »

Cet article 134 est remarquable à plusieurs points de vue ; c'est ainsi que, au lieu de fixer un délai de 10 ans à partir de l'acquisition de la majorité, il fixe un âge à partir duquel la rescision ou la nullité ne pourra plus être demandée ; de cette façon, dans toutes les coutumes, même dans celles dites à « majorités coutumières », c'est au même âge, fixé à 35 ans, que le délai de la prescription sera éteint.

Les expressions de l'ordonnance « en demandant ou en défendant » nous montrent d'un autre côté que a règle romaine « *Quæ temporalia sunt ad agendum perpetua sunt ad excipiendum* » n'était plus suivie. Cette question n'a pas été précisée dans le Code civil, et nous verrons qu'un parti important dans la doctrine a voulu en trouver la solution dans cet article 134.

— La rescision pour cause de lésion avait perdu, dans le droit coutumier, le caractère subsidiaire qu'elle avait à

Rome ; elle était devenue en effet la sanction principale
de l'incapacité du mineur et n'intervenait plus seulement dans les cas où la protection du mineur n'était
pas assurée par le droit civil ; il n'y avait donc plus à
rechercher si le mineur pouvait être secouru par un autre moyen de droit. C'est ce que nous dit Meslé (1) :
« En France, on ne suit pas la distinction romaine, et
soit que le mineur ait contracté, ou se soit obligé avec
l'autorité de son tuteur ou curateur, ou sans cette autorité, soit qu'on prétende qu'il y ait d'autres moyens de
restitution contre l'acte qu'il a passé ou consenti, il
faut que le mineur prenne des lettres de rescision. »

La nullité n'avait pas lieu *ipso jure* comme dans le
droit romain ; il fallait la faire prononcer par le juge.
« Il y a des actes qui sont nuls de plein droit » disait
cependant Pothier (2), mais M. Bugnet mettait en note
à ce sujet : « il n'y a pas de nullité de plein droit, *ipso
jure*, en ce sens que quelle que soit la nullité, s'il y a
contestation, il faut se rendre devant le juge, qui déclare si la nullité existe, ou n'existe pas ».

— A quelle partie incombait la charge de la preuve
dans le débat sur la nullité ou la rescision ?

En principe, on continuait à appliquer le droit commun en matière de preuve. Lorsque l'acte était nul
pour vice de forme, le mineur devait prouver sa minorité au moment de l'acte et l'inaccomplissement des

(1) *Traité des minorités*, p. 488, n° 7.
(2) *Proc. civ.*, n° 727.

formalités requises. Si la nullité était prononcée, il pouvait immédiatement répéter la prestation qu'il avait exécutée, mais son adversaire ne pouvait répéter la sienne, s'il n'établissait pas que le mineur en avait profité.

De même, lorsque l'acte était rescindable pour cause de lésion, c'était au mineur de prouver cette lésion. Il y avait cependant des règles spéciales pour le paiement.

Le paiement n'était pas soumis à l'observation de formalités spéciales ; si donc, il avait été fait au mineur et que celui-ci ait dissipé les deniers, il pouvait, sous une certaine forme, le faire rescinder pour cause de lésion, mais il n'avait aucune preuve à fournir. En effet, le paiement, fait dans ces conditions, n'était pas valable ; le mineur pouvait en demander un nouveau, sans être tenu de prouver la dissipation des deniers, et la preuve de la *versio in rem* était au contraire rejetée sur son adversaire. C'est là l'origine de notre article 1241.

CONCLUSION

Telle fut la législation qui resta en vigueur jusqu'à la promulgation du Code civil ; remarquons cependant que le droit intermédiaire avait déjà supprimé la procédure spéciale que nécessitait l'action en rescision ; la loi des 7-11 septembre 1790 prononçait en effet la suppression des Chancelleries et l'abolition des lettres de rescision. C'était une conséquence de la chute de l'ancien régime, car les causes politiques qui justifiaient autrefois l'utilité des lettres de rescision avaient disparu à la suite de la Révolution.

En résumé, malgré les contradictions que nous avons constatées, le droit coutumier avait réduit l'incapacité du mineur à une incapacité d'être lésé, et l'on a pu dire que la lésion était devenue « le critérium de l'incapacité ». Nous allons essayer de démontrer que la même doctrine a été reproduite dans le Code civil, en faisant toutefois, dès maintenant, des réserves importantes au sujet de la généralité de la restitution pour cause de lésion.

EXPOSÉ GÉNÉRAL
DE LA DOCTRINE DU CODE CIVIL.

PRÉLIMINAIRES

Les auteurs du Code civil n'ont pas apporté dans cette matière plus de clarté que leurs devanciers ; ils n'ont pas su profiter de l'occasion qui leur était offerte pour dégager clairement l'incapacité du mineur. Ils n'avaient cependant pas à innover ; la législation romaine et la législation coutumière contenaient des textes nombreux, longtemps appliqués dans la pratique et mis à l'épreuve pendant plusieurs siècles ; ils pouvaient en constater les résultats dans les recueils de jurisprudence et profiter des critiques que leur application soulevait, pour former, suivant l'expression de Bigot-Préameneu (1) « un corps de doctrine élémentaire ayant à la fois la précision et l'autorité de la loi ».

Ce but n'a pas été atteint ; les rédacteurs du Code civil se sont tour à tour inspirés du droit romain et du droit coutumier, mais sans préciser la doctrine à laquelle ils rattachaient leurs nouvelles théories. Les ou-

(1) Fenet, *Exposé des motifs devant le Corps législatif*, p. 207.

vrages de Domat et de Pothier sont les sources où ils ont puisé de préférence : ils y ont trouvé tous les éléments qui devaient faciliter leur tâche, mais ils n'ont pas cherché à les combiner et à les résumer sous une forme exacte et précise, susceptible de mettre un terme à la confusion et aux contradictions que nous avons rencontrées chez nos anciens auteurs. Ils continuent en effet à ranger le mineur parmi les incapables (art. 1124 et 1125), puis dans l'article 1305, ils laissent sous-entendre que le mineur ne peut faire valoir son incapacité que dans le cas de lésion.

Quelle règle doit prévaloir ? Le mineur est-il frappé d'une incapacité générale de contracter ? Est-il seulement incapable de se léser ? Ne faut-il pas chercher plutôt à concilier ces deux principes, et, prenant pour base l'article 1311, déterminer dans quels cas ses engagements sont nuls en la forme et dans quels cas ils sont rescindales pour cause de lésion ? L'article 1311 est en effet ainsi conçu : « le mineur n'est plus recevable à revenir contre l'engagement qu'il avait souscrit en minorité lorsqu'il l'a ratifié en majorité, soit que cet engagement fût nul en la forme, soit qu'il fût seulement sujet à restitution. »

Tous les actes ne sont donc pas sur la même ligne : les uns sont nuls en la forme, les autres sont rescindables pour cause de lésion ; c'est cette distinction que nous allons essayer d'établir, afin de déterminer les cas d'application de l'action en nullité et de l'action en rescision.

— Mais il importe au préalable d'exposer quelles sont les conditions générales requises pour la validité des actes accomplis pendant le cours de la minorité.

Le Code civil n'a pas divisé la minorité en périodes successives marquant chacune une gradation dans la capacité du mineur; il ne faudrait pas en conclure qu'il n'existe aucune différence entre les mineurs jusqu'à l'âge de leur majorité. Si le Code n'a pas établi expressément cette différence, c'est qu'elle résultait implicitement des conditions requises pour la validité du consentement. Dans le cas en effet, où la volonté de l'enfant peut être considérée comme dénuée de toute valeur, ce qui est une question de fait laissée à l'appréciation des tribunaux, le droit commun des mineurs ne s'appliquera plus et l'acte sera entaché de nullité absolue, comme manquant absolument du consentement de l'une des parties.

Cette hypothèse mise à part, recherchons quelles sont les conditions générales requises pour la validité des actes qui intéressent d'une façon générale les mineurs, c'est-à-dire les mineurs en tutelle, les mineurs émancipés et les mineurs placés pendant le mariage sous l'administration légale du père.

— α) Le tuteur représente en principe le mineur dans tous les actes de la vie civile, soit judiciaires, soit extra-judiciaires (art. 450), à moins que ces actes ne constituent l'expression de la volonté personnelle de l'incapable, tels que l'acte de célébration du mariage, le contrat de mariage, la reconnaissance d'enfant naturel, le testament.

Le principe de la représentation du mineur par son tuteur n'empêche cependant pas l'incapable de conclure en personne les actes qui intéressent son patrimoine et, lorsqu'il agit ainsi avec l'autorisation de son tuteur, l'acte doit être considéré comme fait par le tuteur lui-même (1) ; fait au contraire sans cette autorisation, il manquera à l'acte un élément de validité.

Le tuteur peut faire, sous sa responsabilité personnelle, tous les actes qui concernent la gestion du patrimoine de son pupille, mais certains actes particulièrement importants ne lui sont permis que sous certaines conditions.

Il faut distinguer à cet égard :

1° Les actes pour lesquels l'autorisation du conseil de famille est nécessaire et suffisante. Ce sont : le bail des biens du mineur au profit du tuteur (art. 450, al. 2), — l'acceptation ou la répudiation d'une succession (art. 461), — l'acceptation d'une donation (art. 463), — l'exercice des actions immobilières ou l'acquiescement à des actions de cette nature (art. 464), — l'action en partage (art. 465), — l'aliénation des meubles incorporels du mineur, dont la valeur ne dépasse pas 1.500 francs en capital (Loi du 27 février 1880, art. 1), — la conversion de titres nominatifs en titres au porteur (même loi, art. 10).

(1) 24 avril 1861, S. 61.1.625.

2° Les actes pour lesquels la loi requiert une autorisation du conseil de famille et l'homologation du tribunal. Ce sont : l'emprunt, l'aliénation des immeubles, l'hypothèque (art. 457 et 458), — l'aliénation des meubles incorporels du mineur dont la valeur dépasse 1.500 fr. en capital (Loi du 27 février 1880, art. 2).

3° Les actes pour lesquels la loi requiert l'observation de formalités spéciales. Ce sont : la vente des meubles corporels (art. 452) ou des valeurs négociables en Bourse (Loi du 27 février 1880, art. 3), — le partage (art. 466), — la transaction (art. 467).

4° Les actes interdits au tuteur et au mineur. Ce sont : le compromis (argument art. 83, 6° et 1004 proc. civ.), — l'acceptation pure et simple d'une succession échue au mineur (art. 461 *in fine*), — la donation des biens du mineur (argument art. 457), — l'achat des biens du mineur par le tuteur (art. 450 al. 3), — la cession au profit du tuteur d'un droit ou d'une créance contre le mineur (art. 450 *in fine*).

— β) L'émancipation confère au mineur une capacité intermédiaire entre celle du mineur non émancipé, presque nulle, et celle du majeur. Il peut valablement faire seul tous les actes de pure administration (art. 481) ; la loi lui donne même implicitement la faculté de s'obliger, autrement que par voie d'emprunt, sauf la réduction au cas d'excès (art. 484, al. 2).

Là, se borne sa capacité, il faut donc encore distinguer, comme pour le mineur non émancipé :

1° Les actes pour lesquels l'assistance du curateur est nécessaire et suffisante. Ce sont : la réception du compte de tutelle (art. 480), — d'un capital mobilier (art. 482), — la cession d'un capital mobilier (argument art. 482), — et celle en général de tous meubles incorporels, mais seulement lorsque l'acte émane soit d'un mineur qui a été émancipé, alors qu'il n'était pas placé en tutelle, — soit d'un mineur émancipé par le fait de son mariage (loi de 1880, art. 4), — l'acceptation de donation (art. 935, al. 2), — l'introduction des actions concernant les immeubles ou les capitaux mobiliers du mineur émancipé, ainsi que la défense à de pareilles actions (art. 482), — enfin l'action en partage (art. 840).

2° Pour tous les autres actes, le mineur émancipé est assimilé au mineur en tutelle, c'est-à-dire qu'ils nécessitent, suivant les distinctions que nous avons déjà indiquées, soit l'autorisation du conseil de famille, soit l'homologation du tribunal, soit enfin l'observation de formalités spéciales, à moins qu'ils ne soient interdits au mineur émancipé comme ils l'étaient déjà au mineur non émancipé ou à son tuteur.

— γ) Il existe encore une autre classe de mineurs auxquels devra s'appliquer encore tout ce que nous dirons du mineur en tutelle ; ce sont les mineurs placés pendant le mariage sous l'administration légale du père.

Ces mineurs sont, en principe, représentés par leur père dans tous les actes de la vie civile (argument article 450, al. 1), mais le père a un pouvoir d'administration plus étendu que le tuteur, car il est affranchi du contrôle du subrogé tuteur et du conseil de famille. Il résulte en effet des travaux préparatoires qui ont précédé le code, que ces garanties ont été jugées inutiles pendant le mariage, en tant qu'elles serviraient au contrôle de la gestion du père, parce que les intérêts des enfants mineurs, issus du mariage, sont suffisamment garantis par la présence de « leurs deux protecteurs naturels (1) ».

On s'est demandé s'il fallait aller plus loin et soustraire également le père aux restrictions qui limitent, pour les autres actes, les pouvoirs d'un tuteur ordinaire. Plusieurs systèmes ont été soutenus ; on admet généralement que le père est soumis aux mêmes restrictions et qu'il doit, comme s'il était un véritable tuteur, requérir l'autorisation du conseil de famille ou l'homologation du tribunal, et accomplir les autres formalités spéciales que nécessitent certains actes. Le père n'est en effet qu'administrateur du patrimoine de ses enfants mineurs ; ses pouvoirs doivent donc être réglés sur ceux qui sont reconnus en général aux administrateurs du patrimoine d'autrui.

La jurisprudence présente cependant quelques décisions en sens contraire (2).

(1) Locré, VII, p. 215, n° 2 ; p. 234, n° 3.
(2) Req., 3 juin 1867, S. 67.1.273 ; Dijon 31 décembre 1891, D. 92.
2.235.

Le père, administrateur légal, ne doit cependant pas être toujours assimilé au tuteur ; il résulte du texte de la loi et des paroles du rapporteur que les dispositions de la loi du 27 février 1880, relatives à l'aliénation des meubles incorporels du mineur, à la conversion des titres et à l'emploi des capitaux, sont inapplicables au cas d'administration légale du père (1).

Tout ce que nous dirons sur l'action en nullité et sur l'action en rescision s'appliquera donc à trois classes de mineurs : les mineurs non émancipés, les mineurs émancipés et les mineurs placés pendant le mariage sous l'administration légale du père. La situation est la même, et nous arrivons maintenant à la question principale : Lorsqu'il manque à un acte, accompli pendant le cours de la minorité, un élément de validité, quelle sera la sanction ? — Dans quels cas s'appliquera l'action en nullité ? dans quels cas s'appliquera l'action en rescision pour cause de lésion ?

(1) En ce sens, 27 avril 1882, S. 82.2.207.

CHAPITRE PREMIER

§ 1. — Solutions certaines.

Il existe 4 solutions certaines et qui ont été peu
contestées :

I. — En supposant que le tuteur ait fait un acte
comme représentant du mineur, sans se conformer aux
conditions prescrites par la loi, cet acte est nul sans
qu'il soit nécessaire de prouver la lésion.

Zachariae (1) est le seul auteur qui ait présenté une
solution contraire, mais son opinion est restée isolée,
car elle contredit trop ouvertement les principes du
Code. L'article 1311 oppose en effet la rescision pour
cause de lésion à la nullité de forme ; or, l'engagement
nul en la forme, dont parle cet article, ne peut être que
celui qui est soumis à l'observation des formes prescrites dans l'intérêt des mineurs. A quoi servirait l'observation de ces formes si, en leur absence, le mineur
était quand même tenu de prouver un préjudice ; n'est-
ce pas au contraire une raison de présumer la lésion et

(1) Zachariae, § 335 *bis*, texte et note 3.

de dispenser le mineur de toute preuve ; il sera ainsi plus sûrement protégé.

D'ailleurs les dispositions du Code sont conçues en termes prohibitifs : le tuteur ne peut aliéner, ne pourra accepter ou répudier une succession, etc., qui suffiraient à indiquer par elles-mêmes que la sanction consiste dans une action en nullité.

La jurisprudence est dans ce sens (1).

Des difficultés ont cependant été soulevées lorsque l'acte était profitable au mineur ; c'est ainsi qu'il a été jugé qu'une vente pouvait être déclarée valable lorsque les circonstances prouvaient qu'elle avait été faite d'une manière et à des conditions avantageuses pour le mineur (2). Cependant, la Cour de cassation avait déjà eu à se prononcer dans une affaire analogue, dont les effets avaient été particulièrement profitables aux mineurs, et grâce au langage énergique du Procureur général, qui n'était autre que Merlin, elle avait jugé que les dispositions du Code civil qui interdisent certains actes aux tuteurs sans observer les formalités prescrites, n'étaient susceptibles d'aucune exception (3).

II.— Si le mineur non émancipé a fait lui-même l'un

(2) Cass., 26 août 1807, S. 7.1.437 ; Cass., 16 janvier 1837 ; Paris, 18 mars 1839 (*D. oblig.*, n° 364, 2°) ; Cass., 25 mars 1861, S. 61.1. 673 ; Chambéry, 31 mai 1882, S. 82.2.216 ; 28 juillet 1884, D. 86. 2.36.

(2) Metz, 9 avril 1813. *D. oblig.*, n° 2892.

(3) 26 août 1807, S. 7.1.437.

de ces actes pour lesquels la loi impose au tuteur des formalités, l'acte est encore nul sans qu'il soit nécessaire d'établir une lésion.

Il en est de même du mineur émancipé qui n'a pas rempli les formalités exigées pour certains actes.

Rappelons cependant que quelques auteurs (1) ont admis que l'acte était seulement rescindable pour cause de lésion, comme dans tous les autres cas où le mineur agit en personne. Les formalités requises par la loi, disent-ils, sont prescrites au tuteur, mais non au mineur ; leur inobservation, de la part du mineur n'entraîne donc pas la nullité de l'acte. D'ailleurs, il n'est pas nécessaire d'accorder au mineur une action en nullité contre ses propres actes ; il lui suffit d'avoir l'action en rescision pour cause de lésion ; il sera ainsi suffisamment protégé et cette protection sera plus conforme à l'équité, car il ne pourra attaquer que les actes qui lui sont préjudiciables au moment du contrat et non ceux qui le sont devenus à la suite d'un événement casuel et imprévu, ainsi qu'il pourrait le faire avec l'action en nullité.

D'un autre côté, disent-ils encore, l'article 1305 est général, il accorde au mineur non émancipé l'action en rescision « contre toutes sortes de conventions », et au mineur émancipé contre « toutes conventions qui excèdent les bornes de sa capacité ». L'action en res-

______

(1) Merlin, *Quest. de droit.* III, *Hypoth.*, § 4, nᵒˢ 2 ; Marbeau, *Tr. des transactions*, nᵒ 42 ; Duranton, X, nᵒˢ 286 et s.

cision doit donc s'appliquer à tous les actes, même à ceux qui sont soumis à des formalités.

— Cette opinion est depuis longtemps abandonnée; Merlin (1) lui-même n'avait pas tardé à la rejeter. Déjà le droit romain et l'ancien droit prononçaient la nullité de ces actes ; nulle part, les rédacteurs du Code civil n'ont marqué leur intention d'abandonner sur ce point la tradition, et Maleville (2) nous dit au contraire que la lésion est présumée et que le contrat est nul quand le mineur a omis les formes prescrites.

Il est vrai que la rédaction de l'article 1305 autorise dans une certaine mesure l'opinion contraire, mais il faut remarquer que cet article est complété par l'article 1311 suivant lequel certains engagements sont « nuls en la forme », et, puisqu'il est admis qu'il s'applique aux actes passés par le tuteur, il doit à plus forte raison s'appliquer aux actes accomplis par le mineur en personne.

Cette décision sauvegarde plus étroitement les intérêts de l'incapable ; non seulement, celui-ci ne sera plus tenu de faire la preuve souvent difficile de la lésion, mais il lui sera possible encore de poursuivre la nullité pour vice de forme, alors même que le contrat aura cessé de lui être profitable à la suite seulement d'un cas fortuit, tandis que, dans la même hypothèse, il n'aurait pu poursuivre la rescision pour cause de lésion,

(1) *Répertoire, Mineur*, § 3, n° 6.
(2) *Analyse raisonnée de la discussion du Code civil*, II, p. 139.

parce que la lésion serait résultée d'un événement casuel et imprévu (art. 1306).

La doctrine et la jurisprudence sont dans ce sens (1).

La solution est la même pour le mineur émancipé(2).

III. — Lorsque le mineur émancipé agit dans la mesure de sa capacité, l'acte qu'il fait est aussi valable que s'il avait été fait par un majeur, et il ne peut être question, en pareil cas, ni de nullité pour incapacité, ni de rescision pour cause de lésion.

Cette solution repose sur l'article 481 ainsi conçu : « Le mineur émancipé passera les baux dont la durée n'excédera point 9 ans ; il recevra ses revenus, en donnera décharge et fera tous les actes qui ne sont que de pure administration, sans être restituable contre ces actes dans tous les cas où le majeur ne le serait pas lui-même. »

Cependant, même lorsqu'il agit dans les limites de sa capacité, le mineur émancipé n'est pas toujours assimilable au majeur. Il résulte, en effet, de l'article 484 alinéa 2, qu'il peut s'obliger dans une certaine mesure, « sauf la réduction au cas d'excès ». Nous avons donc à préciser dans quels cas le mineur émancipé pourra agir en réduction et quelles sont les différences de cette action avec l'action en nullité et l'action en rescision.

(1) Cass., 13 juillet 1857, S. 57.1.801 ; Dijon, 8 janvier 1845, D. 45.2.80 ; Cass., 1er juin 1870, S. 70.1.387.
(2) Rennes, 17 novembre 1836, S. 37.2.354.

Les obligations déclarées réductibles sont principalement, suivant les exemples cités au cours des travaux préparatoires, celles qui naissent d'achats de denrées ou objets mobiliers faits à crédit; ou « autrement », ajoute l'art. 484 alinéa 2, c'est-à-dire d'obligations du même genre et qui résultent par exemple de la location d'un appartement à un prix exagéré, de la commande de constructions importantes, etc.

La jurisprudence (1) comprend aussi dans le mot « achats » l'acquisition d'immeubles et elle décide que « en dehors de l'emprunt et de l'aliénation des immeubles, le mineur émancipé a capacité pour s'obliger en vertu d'un contrat commutatif et que dans ce cas, son obligation est seulement réductible, si elle est excessive » (Cass., 21 août 1882).

Il ne faut pas confondre l'action en réduction au cas d'excès avec l'action en rescision pour cause de lésion ; ces deux actions diffèrent à deux points de vue :

a) La première permet d'attaquer des engagements qui sont simplement excessifs, c'est-à-dire, qui sont en disproportion avec la situation de fortune du mineur ; la seconde, au contraire, est ouverte contre des actes qui peuvent ne pas être excessifs, mais qui causent une lésion au mineur.

b) la demande en réduction n'a pas pour effet de rescinder complètement l'obligation du mineur éman-

(1) Colmar, 31 janvier 1826, S. 26.2.212 ; Req., 15 décembre 1832, S. 33.1.687 ; 29 juin 1857, S. 57.1. 729 ; 21 août 1882, S. 83.1.113.

invoquer son incapacité et c'est dans cette partie du Code que la question a été résolue.

Tous les articles qui accompagnent l'article 1305 sont relatifs au mineur agissant seul, ou bien à la restitution pour cause de lésion. L'article 1304 s'occupe de la prescription des « actes faits par les mineurs » ; plus loin, l'article 1307 suppose évidemment que le mineur a contracté personnellement, car on ne peut concevoir une déclaration de majorité de la part du mineur lorsqu'il a été représenté par son tuteur.

Puis les articles 1308, 1309 et 1310 sont tous relatifs à des cas exceptionnels où la restitution est refusée ; enfin l'article 1311 nous parle des engagements que le mineur « a souscrits en minorité ».

Il est logique de penser que l'article 1305 vise la même hypothèse.

— Il y a enfin intérêt à dire que le mineur doit agir par voie de rescision pour cause de lésion et non par voie de nullité. A première vue, il peut cependant paraître indifférent d'accorder au mineur l'une ou l'autre de ces deux actions : ou bien, en effet, le mineur a été lésé et il peut demander la rescision pour cause de lésion ; ou bien, au contraire, il n'a pas été lésé, et alors il n'a aucun intérêt à demander la nullité ou la rescision.

Le mineur serait donc aussi bien protégé avec l'action en rescision qu'avec l'action en nullité, et dans la pratique, il n'y aurait aucun intérêt à distinguer ces deux actions.

Mais ce raisonnement n'est pas exact ; on peut y répondre de deux façons :

a) La preuve varie suivant qu'il s'agit d'une action en nullité ou d'une action en rescision fondée sur la lésion ; il sera toujours facile au mineur d'établir la cause de nullité, tandis qu'il éprouvera souvent des difficultés pour prouver la lésion.

b) D'après l'article 1306, la lésion ne peut résulter d'un événement usuel et imprévu ; si, par exemple, le mineur a donné à bail un de ses immeubles, et que le prix de location soit en rapport avec la valeur locative de l'immeuble au moment du contrat, mais que, plus tard le prix des loyers vienne à augmenter, le mineur ne pourra pas se prétendre lésé et demander la rescision du bail. Il en serait autrement si le mineur avait fait un acte nul pour vice de forme ; supposons par exemple une vente conclue par le mineur pour un juste prix ; il n'a pas intérêt à demander actuellement la nullité de cette vente, mais il peut se faire qu'un événement imprévu provoque cet intérêt ; on peut supposer en effet que l'immeuble vendu par le mineur a augmenté la valeur pour une raison quelconque. Le mineur pourra alors faire valoir la cause de nullité, parce qu'elle existait au moment de la conclusion de la vente. S'il n'avait eu, au contraire, contre cette vente, qu'une action en rescision pour cause de lésion, il n'aurait pu l'intenter, car la lésion aurait été occasionnée par un événement casuel et imprévu (art. 1306).

Ainsi, l'action en nullité et l'action en rescision produisent le même résultat, mais elles nécessitent chacune des conditions distinctes et, sous certains aspects, des règles spéciales qui justifient leur utilité respective.

La plus grande partie de la doctrine et de la jurisprudence se prononcent aujourd'hui dans notre sens.

La jurisprudence n'a jamais varié (1), car elle a cherché uniquement dans le Code civil, sans être influencée par le droit romain, les principes sur lesquels elle devait appuyer ses jugements. Un arrêt du 18 juin 1844 a particulièrement affirmé le principe de la restitution pour cause de lésion. A cette époque, la doctrine était divisée : d'un côté, Troplong et Toullier, sous l'influence du droit romain, déclaraient le mineur incapable de contracter et appuyaient leur théorie sur les articles 450 et 1124 ; de l'autre côté, Duranton faisait au contraire résulter des articles 1125 et 1305, l'incapacité spéciale du mineur, fondée sur la lésion. C'est à cette dernière opinion que la Cour de cassation s'était rangée et, empruntant sa conclusion, nous dirons avec elle que : « s'il en était autrement, si sa qualité de mineur suffisait pour faire annuler, sans distinction, toutes les conventions dans lesquelles le mineur ne serait pas intervenu, les dispositions par lesquelles la loi a cherché

____

(1) Voir toutefois Bastia, 12 juin 1855, S. 55.2.670. Dans notre sens : Bastia, 26 mai 1834, S. 35.2.27 ; Cass., 18 juin 1844, S. 44.1.497; Rouen, 23 juillet 1858, S. 59.2.630 ; Cass., 8 août 1859, S. 60.1.460 ; Lyon, 8 juin 1863, D. 66.2.54 ; Nancy, 12 janvier 1875, S. 75.2.52.

à le protéger lui deviendraient préjudiciables, en interdisant aux tiers la faculté de passer avec lui les traités mêmes dont il pourrait tirer le plus davantage ; qu'en lui conservant, dans tous les cas, le droit de se faire restituer, pour la simple lésion, dont l'appréciation est abandonnée à la sagesse des tribunaux, la loi a suffisamment pourvu à son intérêt ».

— 2° *Mineurs émancipés.* — Nous avons déjà annoncé que la solution devait être identique. Cependant, les mêmes auteurs qui ont soutenu l'opinion contraire vis-à-vis du mineur non émancipé, déclarent aussi que les actes accomplis par le mineur émancipé sans l'assistance de son curateur sont nuls en la forme, même lorsque l'assistance du curateur était suffisante pour en assurer la validité.

Ils invoquent les mêmes arguments. L'assistance du curateur, disent-ils, constitue une condition de forme; l'acte que fait le mineur émancipé sans cette assistance est nul en la forme.

On ne peut plus répondre ici, comme nous l'avons fait pour le mineur en tutelle, que l'institution de la curatelle ne comporte pas une certaine forme dans l'assistance du curateur, mais il n'est cependant pas exact de dire que le législateur a considéré cette assistance comme une condition de forme, susceptible d'entraîner la nullité. Lorsque l'article 1311 parle d'un acte nul en la forme, il fait allusion à l'article 484 suivant lequel « le mineur émancipé ne peut vendre, ni aliéner ses immeubles ni faire aucun acte autre que ceux de pure administration sans observer les formes prescrites au mineur non émancipé ». Ces formes sont : l'autorisation du conseil de famille, l'homologation du tribunal, etc. ; elles sont exigées pour certains actes importants que le mineur émancipé ne peut conclure avec l'assistance seule de son curateur ; mais, dans les cas où cette assistance suffit pour habiliter le mineur, il n'est plus question de condition de forme et, par suite, on ne peut dire que le défaut d'assistance entraîne la nullité pour vice de forme.

Cette solution est conforme à l'idée qui a fait admettre l'émancipation. Ce bénéfice a pour but de permettre au mineur de prendre, avant l'époque de sa majorité, une part active à la gestion de son patrimoine et de lui donner la capacité d'accomplir valablement seul tous les actes de pure administration. La loi le présume capable d'apprécier la valeur de ses actes et d'agir avec discernement ; il convient donc d'étendre cette présomption et de l'appliquer aux actes pour lesquels le mineur émancipé doit requérir l'assistance de son curateur ; on arrive ainsi, guidé par l'esprit de la loi si le texte ne l'y autorisait déjà, à déclarer ces actes simplement rescindables pour cause de lésion.

La situation était la même pour le mineur en tutelle et nous avons admis à ce sujet qu'il y avait lieu d'appliquer la rescision pour cause de lésion ; la même solution doit, par analogie, être donnée pour le mineur émancipé.

Le système de protection établi par la loi sera, dans ces conditions, justement gradué :

— contre les actes qui n'excèdent pas les bornes de la capacité, le mineur émancipé aura l'action en réduction au cas d'excès.

— contre ceux qui nécessitent l'assistance du curateur, il aura l'action en rescision pour cause de lésion ;

— enfin, contre ceux qui nécessitent l'observation de certaines formalités, il aura l'action en nullité pour vice de forme.

Les travaux préparatoires confirment cette interprétation ; dans son rapport au tribunat (1), Jaubert s'exprimait ainsi au sujet de l'article 1305 : « S'il s'agit d'un mineur émancipé, ou il a fait une convention qui rentre dans l'étendue de sa capacité, telle qu'elle est déterminée au titre des tutelles, et, alors, il n'est pas restituable même pour cause de lésion ; ou, si la convention excède les bornes de sa capacité, il peut se prévaloir de la simple lésion. »

Enfin, le texte même de l'article 1305 ne permet aucun doute. Cet article ouvre l'action en rescision contre les actes qui excèdent les bornes de la capacité du mineur émancipé ; ces actes peuvent être, soit ceux qui nécessitent l'assistance du curateur, soit ceux qui exi-

(1) Locré, XII, p. 494, nº 61.

gent en outre l'accomplissement de formalités spéciales. Quelle serait donc l'utilité de l'article 1305 s'il ne s'appliquait pas aux actes nommés en premier lieu, puisqu'il est certain qu'il ne peut s'appliquer aux seconds, entachés de nullité pour vice de forme? Si tous ces actes étaient placés sur la même ligne, et si tous étaient également frappés de nullité, l'article 1305 deviendrait inapplicable à l'égard du mineur émancipé, à moins de l'étendre aux actes valablement passés, c'est-à-dire dans les cas où l'assistance du curateur aurait été requise par le mineur ou lorsque les formalités prescrites auraient été observées. Mais nous verrons plus loin que ce serait là une fausse application de la rescision pour cause de lésion ; il en résulterait notamment que le mineur émancipé, agissant avec l'assistance de son curateur, serait plus protégé que dans les cas où il peut agir seul et sans assistance, puisque dans la dernière hypothèse, la loi lui ouvre seulement l'action en réduction et non l'action en rescision pour cause de lésion.

La jurisprudence est dans le même sens (1).

Système de M. Demante.

M. Demante, — après avoir adopté l'opinion de Troplong et de Toullier et admis la nullité des actes dans lesquels, au lieu d'être représenté par son tuteur ou assisté de son curateur s'il y avait lieu, le mineur au-

(1) Rouen, 23 juillet 1858, D. 59. 2. 216 ; Paris, 18 juillet 1864, D. 64. 5. 257.

rait figuré seul, — a considéré en dernier lieu ces actes comme simplement rescindables pour cause de lésion.

Cette solution n'est cependant pas acceptable dans les termes où elle a été proposée, car M. Demante soutient en même temps que l'article 1305 reste applicable aux actes du tuteur et à ceux du mineur émancipé, régulièrement assisté. Ainsi, toute distinction serait supprimée entre les actes du mineur non émancipé et ceux de son représentant légal, ou bien entre les actes du mineur émancipé, suivant que l'assistance du curateur aurait été ou non requise ; les uns et les autres seraient également rescindables pour cause de lésion. « Ce serait là sans doute une bizarrerie, dit l'auteur lui-même (1), mais le terme moyen que je propose se concilierait mieux avec les termes de l'article 1305 et aurait plus de chance d'être admis dans la pratique où l'on est bien préoccupé de la maxime *minor non restituitur tanquam minor, sed tanquam laesus* »

Or, il est impossible d'admettre que tous ces actes soient placés sur la même ligne, car la présence du tuteur ou du curateur n'aurait plus aucune utilité.

De plus, il n'est pas exact de dire que les actes, régulièrement faits par le mineur ou par son représentant, soient rescindables pour cause de lésion ; nous démontrerons plus loin cette proposition. Dès lors, l'assimilation que M. Demante a voulu établir entre les actes faits par le mineur agissant seul, et ceux

____

(1) Demante et Colmet de Santerre, V, n° 270, n° 1.

posés par le tuteur ou avec l'assistance du curateur, serait encore moins justifiée, et ceci achèverait la bizarrerie du système, puisque les actes conclus par l'incapable, au moins lorsqu'ils ne sont pas assujettis à des
formes spéciales, deviendraient inattaquables.

Voici le deuxième point contesté :

II. — Lorsque le tuteur a fait un acte régulièrement,
cet acte est-il rescindable pour cause de lésion ?

On admet généralement que cet acte est inattaqua-
ble, mais cette solution a soulevé de graves objections :

— α) Dans la législation romaine et coutumière, le mineur pouvait se faire restituer contre tous les actes de
son tuteur ; la même solution, dit-on, a dû passer dans
le Code, d'autant plus que l'influence de ces deux législations s'est surtout fait sentir au titre des obligations.

— Telle était en effet la doctrine romaine, mais les
nombreux inconvénients qui en résultaient, devaient
amener des réformes. D'ailleurs, en droit romain déjà, la
rescision était en fait souvent écartée, puisqu'elle n'é-
tait pas accordée lorsque le mineur trouvait dans un
autre moyen de droit une protection suffisante ; il existe
même des textes (1) dans lesquels on recommandait
aux magistrats de ne pas prononcer la rescision, lorsque
le préjudice était peu considérable.

L'ancien droit (2) avait continué sur ce point l'appli-

(1) L. 2, § 5. L. 24, § 1 et 2, IV, 4.
(2) Domat, *Lois civiles*, l. IV, t. VI ; Bourjon, *Le droit commun de France*, II, p. 473, nᵒˢ 24-25.

cation des principes romains, mais cette pratique avait été vivement critiquée par plusieurs auteurs. « Vainement, disait Henrys, on aura observé les formalités, avis de parents, rapports d'experts, décrets du magistrat, tout cela n'empêche pas que le mineur ne puisse rentrer dans son bien, s'il se trouve quelque lésion. Il n'y a pas d'assurance plus grande que d'acheter l'immeuble du mineur plus cher qu'il ne vaut (1). »

« L'aliénation des immeubles d'un mineur, disait-il encore, est chatouilleuse ; quelque assurance qu'on y recherche, il n'y en a point, et quelquefois ce sont les précautions qui nuisent. On peut en dire ce qu'on dit des potirons, quelque apprêt qu'on en fasse, l'usage n'en est pas bon, et la meilleure sauce qu'on y puisse apporter, c'est de les jeter là. »

C'est au XVIIIᵉ siècle seulement que l'on reconnut la nécessité de donner aux actes valablement faits une certaine stabilité, mais la réforme fut limitée aux actes d'administration. S'il fallait apprécier l'opportunité de cette réforme, on ne saurait mieux faire que de citer le passage où Pothier (2) en justifiait la nécessité. « Les mineurs, dit-il, ne sont point restitués pour cause de lésion contre les actes qu'ils ont faits depuis leur émancipation, ou contre ceux que leurs tuteurs ont faits, lorsque ces actes sont de pure administration nécessaire, par exemple pour des baux faits de leurs hérita-

(1) Henrys, t. 2, p. 257.
(2) *Procéd. civ.*, part. V, ch. IV, art. 2.

gès, pour le temps qu'on a coutume de faire ces baux, contre la vente ou l'achat de choses mobilières, etc. La raison est tirée de l'intérêt même des mineurs, parce qu'autrement, ils ne trouveraient que difficilement des personnes qui voulussent contracter avec eux, dans la crainte d'avoir des procès avec les mineurs, sous prétexte de lésion, ce qui causerait un plus grand préjudice que ne leur serait avantageux le bénéfice de restitution, s'il leur était accordé contre de pareils actes. »

Ainsi, dans le dernier état du droit coutumier, on commençait à soustraire certains actes contre tout risque de rescision. La tradition n'était donc plus toute puissante au moment où fut composé le Code civil ; il y a même lieu de croire que les rédacteurs du Code, puisant habituellement leurs inspirations dans les ouvrages de Pothier, ont voulu généraliser la mesure qui avait été prise en faveur des actes d'administration et l'étendre à tous les actes valablement accomplis par le tuteur.

— β) Pour soutenir que la doctrine coutumière a dû passer dans le Code, on invoque encore certains articles. L'article 1305, dit-on, emploie une formule générale ; il permet au mineur non émancipé de se faire restituer « contre toutes sortes de conventions », c'est-à-dire contre tous les actes accomplis pendant le cours de la tutelle par le tuteur, alors même qu'ils réunissent toutes les conditions exigées pour leur validité.

— C'est à cette conclusion que devaient en effet arriver les auteurs qui avaient refusé de chercher dans l'article 1305 la nature de l'incapacité du mineur. Ils étaient ainsi conduits à déclarer que cet article visait les actes accomplis par le mineur autorisé de son tuteur ou par le tuteur lui-même dans la limite de ses pouvoirs. Mais nous avons déjà prouvé que cette interprétation était fausse et que l'article 1305 supposait au contraire un mineur agissant en personne et sans avoir été autorisé par son tuteur.

Cette réfutation suffirait pour repousser l'argument tiré de la généralité des termes de l'article 1305, si l'expression « toutes sortes de conventions » ne pouvait être expliquée différemment. On peut dire en effet que le législateur a voulu faire ici une opposition entre le mineur non émancipé et le mineur émancipé ; le premier a l'action en rescision contre toutes sortes de conventions ; le second, contre les conventions seules qui excèdent les bornes de sa capacité. Il résulte, à ce sujet, du rapprochement des dispositions de l'article 1305 que les conventions, conclues par le mineur non émancipé, doivent s'entendre dans le même sens que celles conclues par le mineur émancipé, c'est-à-dire que ce sont des conventions que l'incapable n'avait pas le droit de conclure seul, mais avec cette différence que toutes conventions excèdent les bornes de la capacité du mineur non émancipé, tandis qu'un certain nombre seulement excèdent la capacité du mineur émancipé.

On peut encore dire que l'opposition faite dans l'article 1305 vise les majeurs et les mineurs ; les majeurs ne sont restitués pour cause de lésion que dans les cas exceptionnels déterminés par la loi ; c'est au contraire la règle générale pour les mineurs.

— γ) On argumente aussi de l'article 2252, suivant lequel la prescription ne court pas contre les mineurs. Le motif qui a fait admettre cette suspension ne réside pas, dit-on, dans l'impossibilité d'agir, puisque le tuteur doit agir au nom de son pupille, mais dans une restitution anticipée accordée au mineur contre la négligence du tuteur qui oublie d'interrompre la prescription. En suspendant ainsi la prescription, le législateur a devancé le résultat auquel le mineur serait arrivé au moyen de la rescision pour cause de lésion, lorsque la prescription aurait été accomplie à son préjudice. C'est donc, en réalité, une sorte de restitution anticipée contre la négligence, c'est-à-dire contre le fait du tuteur.

— Cette explication de l'article 2252 ne repose sur aucun fondement ; cet article ne s'occupe pas de la rescision d'un contrat passé par le tuteur, il prévoit seulement le cas d'une négligence possible du tuteur et, dans le but d'y remédier, ce qui suppose qu'il n'y avait aucun autre moyen de rescision contre la prescription accomplie, le législateur a déclaré que la prescription était suspendue en faveur des mineurs.

On peut comprendre dans une certaine mesure, que la rescision puisse être demandée contre un acte régulièrement passé par le tuteur dans la limite de son mandat, mais non contre une omission ou contre une négligence du tuteur. La situation n'est pas la même ; « suspendre la prescription, dit M. Colmet de Santerre (1), c'est tout simplement supposer que le tuteur a fait un acte conservatoire qu'il aurait dû faire pour interrompre la prescription, et il y a loin de cette supposition à l'anéantissement d'un acte consommé par le tuteur ».

Le texte même de l'article 2252 offre un argument contre le sens que l'on veut lui prêter ; le même article suspend en effet la prescription en faveur des interdits ; or, il est certain que nulle part le Code n'a permis la restitution en faveur des interdits. Comment donc supposer que l'article 2252 a fait une application anticipée du privilège de restitution, puisqu'il établit la suspension de la prescription aussi bien au profit des interdits que des mineurs.

— δ) Une disposition du Code de procédure a permis encore de faire une nouvelle objection ; l'article 481 autorise les mineurs à attaquer par la voie de la requête civile les jugements où ils n'ont pas été valablement défendus par leurs tuteurs. Cette disposition, disent nos adversaires, constitue en quelque sorte une action en rescision contre le fait du tuteur agissant dans les limites de son mandat ; c'est donc que le principe de la restitution pour cause de lésion est admis contre tous

(1) T. V, p. 498, n° 270 *bis*, XV.

les actes passés par les tuteurs, lorsque ces actes sont préjudiciables aux mineurs, et, puisque la loi permet de revenir contre une décision, susceptible d'avoir acquis l'autorité de la chose jugée, à plus forte raison il doit en être ainsi d'un contrat ordinaire, dont la stabilité est moins assurée que la chose jugée.

— Cette objection n'est pas plus fondée que les précédentes, car les mineurs n'ont pas seuls la requête civile, lorsqu'ils ont été mal défendus par leurs représentants ; le même article ouvre également la voie de la requête civile à l'Etat, aux communes et aux établissements publics, et cependant personne n'a soutenu que ces personnes morales pouvaient se faire restituer contre des actes passés régulièrement en leur nom par les administrateurs qui les représentent. Dès lors, puisque l'article 481 n'implique pas la restitution en faveur de ces personnes morales, il ne faut pas faire pour le mineur, une exception que le texte ne justifierait pas.

— ε) On a, enfin, invoqué des textes qui semblent refuser exceptionnellement l'action en rescision contre certains actes. Ces textes sont répartis dans l'ensemble du Code; ce sont les articles 1314 (aliénation d'immeubles et partage), 1309 (contrat de mariage), 463 (donation), 2052 (transaction).

Ces articles constituent, dit-on, des exceptions au principe de la restitution pour cause de lésion. La théorie de l'ancien droit est bien passée dans le Code; cependant, comme il en résultait certains inconvénients, on a limité les cas d'application de la restitution et décidé que les actes les plus importants, régulièrement accomplis, n'étaient plus rescindables pour cause de lésion. Mais ces exceptions laissent supposer que, dans tous les autres cas, le mineur lésé peut se faire restituer, car si ce n'était que des applications d'un principe général posé quelque part dans le Code, il aurait été inutile de les mentionner spécialement.

Ces exceptions justifient donc l'argument *a contrario* qui consiste à dire que, si la loi ne permet pas dans certains cas de demander la restitution, c'est qu'il existe un principe général suivant lequel la restitution est toujours possible.

Et d'ailleurs, ajoute-t-on, si des critiques peuvent encore être faites contre cette interprétation, elles ne seront pas toujours fondées, car le législateur a remédié ainsi, dans une juste mesure, à la protection excessive du mineur qui caractérisait le droit romain et le droit coutumier ; il a entouré les actes les plus importants de formalités nombreuses, qui ont rendu presque impossible tout risque de lésion et c'est ce qui lui a permis de déclarer que ces actes n'étaient plus rescindables pour cause de lésion. Le législateur a donc profité des critiques auxquelles le système primitif donnait lieu, mais il n'a pas voulu introduire une réforme générale dont, parfois, les effets auraient pu être préjudiciables au mineur.

— Ce raisonnement repose tout entier sur un argument

a contrario ; mais un pareil argument n'a en général qu'une faible valeur, surtout dans cette matière où rien ne prouve d'une façon certaine que les cas sur lesquels on s'appuie, sont précisément des cas exceptionnels pouvant donner lieu à un argument *a contrario* Les rédacteurs du Code civil ont, au contraire, introduit une réforme générale, que rendaient nécessaire les nombreuses plaintes qui s'élevaient dans l'ancien droit sur l'instabilité des contrats dans lesquels intervenaient des mineurs.

A la fin du XVIIIe siècle, une exception avait été faite en faveur des « actes de pure administration nécessaire » ; il existait alors une tendance générale à faire disparaître toute trace de l'ancien régime pour introduire des mesures plus libérales. C'est sous cette influence que se trouvaient les rédacteurs du Code ; ils ont spécialement déclaré que les actes les plus importants, tels que l'aliénation d'immeubles, le partage, etc. n'étaient plus susceptibles de rescision lorsqu'ils avaient été régulièrement faits. Ils n'ont pas mentionné d'une façon générale les autres actes ; mais, à cet égard, leur opinion n'est cependant pas douteuse ; pour les actes d'administration en particulier, ils n'avaient pas à innover puisque Pothier les avait déjà soustraits à la restitution. S'il fallait argumenter *a contrario*, il faudrait dire cependant qu'ils sont rescindables pour cause de lésion, car ils ne sont exceptés par aucune disposition expresse de la loi ; non-seulement, on contredirait ainsi l'autorité de Pothier, mais on protégerait moins étroitement le mineur contre les actes les plus graves, exceptés formellement, que contre les actes d'administration dont les suites ne peuvent cependant pas être aussi dangereuses. La même disproportion se retrouverait également vis-à-vis des autres actes qui n'ont pas été exceptés par le Code.

Il convient donc de tirer un argument *a fortiori* des articles qui, dans l'opinion contraire, sont considérés comme des exceptions. Si le mineur n'est pas restituable contre les actes les plus importants, à plus forte raison il ne peut l'être contre tous les autres. Le législateur n'a pas posé de règle générale, mais il a laissé sous-entendre ainsi sa volonté d'abandonner le système qui avait prévalu à Rome et dans l'ancien droit.

Du reste, cet argument *a fortiori* découle nécessairement de l'organisation de la tutelle dans le Code civil. Le tuteur représente le mineur dans tous les actes civils ; il est le mandataire légal du mineur et par suite, l'étendue de son mandat doit être définie d'après les règles ordinaires du mandat. Or, l'article 1998 dispose que le mandant est tenu d'exécuter les engagements contractés par le mandataire, conformément au pouvoir qui lui a été donné ; c'est en vertu de cette règle que le mineur sera tenu d'exécuter les engagements pris par son mandataire, c'est-à-dire par son tuteur. Tel est le sens de la formule : *Factum tutoris, factum pupilli*.

Cette solution est, encore, conforme à la nature juridique de la lésion. La lésion est un vice du consentement ; c'est une erreur sur la valeur d'une chose, qui peut provenir soit de l'ignorance soit de l'inexpérience de celui qui contracte. Si donc il est juste que le mineur puisse invoquer la lésion quand il a contracté lui-même, car son consentement a été vicié, il n'en sera plus ainsi lorsque le tuteur agit en personne en sa qualité de représentant légal. Sur quel vice du consentement appuyer dès lors l'action en rescision du mineur, puisque le tuteur a contracté en son nom et que le consentement de l'incapable n'a pas été nécessaire.

La protection du mineur n'en sera pas moins assurée dans tous les cas, et même au cas de mauvaise administration du tuteur. Lorsqu'un acte régulièrement accompli est préjudiciable au pupille, l'article 450 nous dit, en effet, que le tuteur « répondra des dommages-intérêts qui pourraient résulter d'une mauvaise gestion ». C'est un cas d'application de l'article 1992 qui régit les rapports entre mandant et mandataire, et suivant lequel « le mandataire répond non seulement du dol, mais encore des fautes qu'il commet dans sa gestion ». Le mineur aura donc une action en dommages-intérêts contre son tuteur, et cette action sera garantie par une hypothèque légale. Malgré l'absence de restitution, ses intérêts seront ainsi suffisamment protégés, et cette protection aura l'avantage de ne pas se retourner contre lui, car elle n'éloignera pas les tiers, vis-à-vis desquels la validité de l'acte est en effet maintenue.

Il existe cependant un cas dans lequel le bénéfice de restitution serait plus avantageux pour le mineur ; c'est au cas d'insolvabilité du tuteur. Mais il faut reconnaître que ce danger sera le plus souvent écarté, grâce à l'intervention et à la surveillance du subrogé tuteur, du conseil de famille ou du tribunal. Il est préférable de courir ce risque au lieu de rendre presque impossibles les transactions du mineur avec les tiers, en maintenant dans tous les cas l'éventualité de la restitution.

La jurisprudence (1) n'a jamais partagé les indécisions de la doctrine ; elle n'a pas été influencée par les traditions romaine ou coutumière, et dans les quelques arrêts où elle a dû se prononcer, elle a toujours refusé la restitution contre les actes régulièrement accomplis pendant le cours de la tutelle.

Mineurs émancipés. — La même question s'est présentée à leur égard et des auteurs ont encore soutenu, comme ils l'avaient déjà fait pour le mineur en tutelle, que tous les actes passés par les mineurs émancipés, — sauf l'exception soutenue dans l'article 481 en faveur des actes de pure administration, — étaient rescindables pour cause de lésion.

Suivant M. Demante (2) en effet, l'article 1305 renvoie à l'article 481 et les conventions, qui excèdent les bornes de la capacité du mineur émancipé, sont toutes celles qui ne peuvent être comprises dans la diposition

(1) Caen, 19 novembre 1844, D. 45.4.385.
(2) II, nᵒˢ 781 et 782.

de l'article 481. Il en résulterait donc que les actes passés par le mineur émancipé, assisté de son curateur dans les cas où cette assistance était requise, seraient malgré cela rescindables pour cause de lésion.

Nous avons déjà repoussé la même doctrine au sujet du mineur non émancipé, mais il convient en outre de remarquer ici que cette opinion contredit l'article 1305, attendu que les actes accomplis dans ces conditions par le mineur émancipé n'excèdent pas les bornes de sa capacité. L'article 1305 ne renvoie pas à l'article 481, mais aux règles générales contenues au titre de la minorité, de la tutelle et de l'émancipation ; or, il résulte de ces règles que le mineur émancipé devient capable, lorsqu'il est assisté de celui dont la présence à l'acte a précisément pour but de le relever de son incapacité. Les conventions qu'il passe dans ces conditions, n'excèdent donc pas les bornes de sa capacité, et par suite elles ne sont pas rescindables pour cause de lésion.

S'il en était autrement, la protection dont le mineur émancipé bénéficie, ne serait pas répartie équitablement ; il serait en effet moins protégé contre les actes qu'il peut faire seul que contre ceux qui nécessitent l'assistance de son curateur ; il ne pourrait contester la validité des premiers, sauf son droit d'agir en réduction au cas d'excès, tandis que les seconds seraient rescindables pour cause de lésion. Cette anomalie suffirait pour faire rejeter le système de nos adversaires.

— En résumé, les actes soumis à l'observation de formalités spéciales sont, en cas d'inobservation de ces formalités, et par ce seul fait, entachés de nullité, soit que ces actes aient été passés par le tuteur au nom de son pupille, soit qu'ils l'aient été par un mineur non émancipé avec ou sans l'autorisation de son tuteur, ou par un mineur émancipé, assisté ou non de son curateur.

Lorsque les formalités prescrites ont été accomplies, ces actes sont inattaquables.

Les mineurs non émancipés peuvent attaquer au moyen de l'action en rescision, les obligations qu'ils ont consenties en l'absence de leurs tuteurs et qui n'étaient pas soumises à l'observation de formalités spéciales.

Les mineurs émancipés ont le même droit vis-à-vis des obligations qu'ils ont consenties sans l'assistance de leurs curateurs, dans les cas où cette assistance, à défaut de formalités spéciales, était seule requise.

L'action en rescision n'est pas permise aux mineurs non émancipés contre les obligations que leurs tuteurs ont valablement consenties, ni contre celles qu'ils ont eux-mêmes valablement consenties avec l'autorisation de leurs tuteurs.

Elle est de même refusée aux mineurs émancipés contre les obligations qu'ils peuvent consentir seuls et pour lesquelles l'article 481 les place sur la même ligne que les majeurs, ou contre celles qui nécessitent l'assistance de leurs curateurs, lorsqu'ils les ont contractées avec cette assistance.

CHAPITRE II

Le mineur peut attaquer ses engagements pour deux causes : soit en invoquant son incapacité légale, soit en invoquant l'inobservation des formalités prescrites dans son intérêt. Dans ces deux cas, et même lorsque l'invalidité de l'acte résulte d'un vice de forme, la nullité est simplement relative (arg. art. 1125, al. 2).

Ces formes ne sont pas des formes solennelles, susceptibles d'entraîner la nullité absolue, mais des formes « dites de protection », destinées à sauvegarder les intérêts des incapables et, à ce titre, elles constituent en quelque sorte une condition nécessaire de la capacité. Du reste, nulle part en cette matière, il n'est question de nullité absolue ; le législateur ne prononce même pas la nullité relative, mais cependant, le but dans lequel les formes ont été exigées et la rédaction prohibitive de certains articles permettent de sous-entendre, sans aucun doute, qu'elles le sont à peine de nullité.

Ainsi, la nullité est relative ; l'acte irrégulier et imparfait n'est pas frappé d'invalidité *ab initio* ; il continue d'exister tant qu'une déclaration judiciaire n'en a pas déclaré la nullité. Il en résulte trois conséquences :

1° La nullité ne peut être proposée que par le mineur.

2° Elle est susceptible de confirmation ou de ratification.

3° Elle est susceptible de se couvrir par un certain laps de temps.

Nous allons examiner successivement ces trois conséquences, et rechercher si elles doivent se produire dans tous les cas.

§ 1ᵉʳ. — La nullité ou la rescision ne peut être provoquée que par le mineur.

C'est ce qui résulte de l'article 1125, alinéa 2.

Ce point est conforme à la tradition, car dans le droit romain et dans l'ancien droit, il a toujours été admis que le mineur pouvait obliger les autres envers lui sans s'obliger envers eux, et qu'il était libre de maintenir le contrat, s'il lui était avantageux, ou de le faire rescinder, s'il lui était préjudiciable. Cette inégalité dans la condition des deux contractants n'a d'ailleurs rien de blessant, car la partie capable a dû s'engager en connaissance de cause et prévoir le danger auquel elle s'exposait en contractant avec un incapable.

La jurisprudence a fait de nombreuses applications de ce principe, principalement dans les cas de nullité pour vice de forme (1).

(1) Pau, 11 mars 1811, D. A. 10.647 ; Lyon, 6 juin 1845, S. 46.2.

Cependant, ces applications ont été parfois contestées, aussi nous allons examiner si les difficultés qui ont été soulevées au sujet de certains actes tels que la vente, le compromis, le contrat de mariage, l'acceptation d'une donation et le partage, sont entièrement justifiées. Disons cependant, dès maintenant, que, dans aucun cas, il n'y a lieu de modifier le principe général posé dans l'article 1125, alinéa 2.

I. *Vente*. — On a prétendu que la vente d'un immeuble appartenant à un mineur, faite sans les formalités prescrites, était inexistante, et que par suite l'article 1125 alinéa 2 ne devait pas recevoir d'application.

La question s'est présentée devant la Cour de Bruxelles (1) ; deux arguments avaient été invoqués :

a) Aux termes de l'article 1598, disait-on, tout ce qui est dans le commerce peut être vendu, lorsque des lois particulières n'en prohibent pas l'aliénation. Or, le Code interdit d'aliéner les immeubles appartenant à des mineurs sans observer les formes légales ; l'aliénation irrégulièrement faite par le tuteur est donc une aliénation prohibée et la vente est radicalement nulle.

b) On ajoutait encore que, faite dans ces conditions, cette vente constituait une vente de la chose d'autrui, car le tuteur n'avait pas le droit d'aliéner les immeubles sans accomplir les formalités prescrites, et que, comme

376 ; Cass., 5 février 1840, S. 40.1.511 ; Lyon, 3 juillet 1850, D. 50. 2.134 ; Aix, 17 novembre 1870, D. 72.5.28 ; Alger, 19 mars 1884, D. 85.2.134.

(1) 21 mai 1814. *Pasicrisie belge*, 1814, p. 76.

telle, elle était, aux termes de l'article 1599, entachée de nullité absolue.

Il résultait de cette argumentation que toute personne intéressée pouvait provoquer la nullité.

La Cour de Bruxelles s'est prononcée en sens contraire ; elle a répondu d'une part qu'il n'existait pas de disposition législative déclarant inaliénables ni hors du commerce les biens des mineurs et que les formes prescrites ont seulement pour but de protéger les incapables contre le préjudice qui résulterait d'aliénations faites sans contrôle et sans nécessité ; elles sont établies uniquement dans leur intérêt, et c'est pourquoi il faut leur réserver le droit de se prévaloir de la nullité que leur inobservation est susceptible d'entraîner.

D'autre part, elle a écarté du débat l'article 1599, car le tuteur, même lorsqu'il n'observe pas les formalités légales, ne vend pas les biens de son pupille comme lui appartenant. Il ne cesse pas, pour cela, d'agir en sa qualité de représentant légal de l'incapable ; il le représente sans doute irrégulièrement, mais on ne peut dire qu'il ait vendu la chose d'autrui. Il a agi en qualité de mandataire, et à ce titre, il a contracté au nom du mandant, c'est-à-dire du mineur propriétaire de la chose vendue.

En résumé, l'acte a été irrégulièrement fait, mais puisque la cause de cette irrégularité consiste seulement dans l'inobservation des formes prescrites dans l'intérêt des mineurs, ceux-ci pourront seuls se prévaloir de la nullité qui en résulte ; par suite, il n'y a pas lieu de faire exception au principe général posé dans l'article 1125, alinéa 2.

Ce point n'est plus contesté aujourd'hui (1).

II. *Compromis*. — Lorsque la question s'était présentée devant la Cour de Riom, cette cour avait décidé, par un arrêt en date du 28 décembre 1843, que le compromis, passé au nom du mineur par son tuteur, était frappé d'une nullité opposable par toutes les parties qui avaient stipulé dans le compromis, même par celles qui étaient capables de contracter.

Cet arrêt fut cassé (2) et la Cour de Lyon (3) devant laquelle l'affaire avait été renvoyée, rendit un jugement en vertu duquel le mineur eut seul le droit d'invoquer la nullité.

La Cour de Riom, en permettant à la partie capable de demander la nullité du compromis, s'était en effet méprise sur le sens de la défense absolue de compromettre, faite implicitement au mineur ou à son représentant par les articles 1003 et 1004 du Code de procédure civile. Cette défense ne repose pas sur une question d'ordre public, comme la défense de compromettre sur les questions d'état, contenue dans le même article 1004 ; elle repose, au contraire, sur l'absence de la protection dont les mineurs doivent bénéficier, c'est-à-

(1). En ce sens, Cass., 30 août 1815, S. 15. 1. 404 ; 4 juin 1818, D. A., 12. 742 ; 5 février 1840, S. 40. 1. 511 ; Bruxelles, 21 novembre 1840, *Pasicr.*, 41. 2.94 ; Gand, 28 juillet 1855, *Pasicr.*, 58. 2. 108.
(2) 14 février 1849, D. 49. 1. 42.
(3) 3 juillet 1850, D. 51. 2. 134.

dire sur le défaut de communication au ministère public, puisque la loi exige cette communication pour les causes intéressant les mineurs. Lorsque le tuteur fait un compromis au nom de son pupille, la cause de nullité, résultant ainsi de l'absence de la protection prévue par la loi, est donc toute personnelle à celui-ci ; elle est établie uniquement dans son intérêt et, par suite, c'est à lui seul que l'action en nullité doit appartenir.

On a cependant objecté que les juridictions étaient d'ordre public et qu'il était interdit d'en intervertir ou d'en changer la nature. En principe, cette objection est fondée, mais cependant, d'après la Cour de Lyon, « il y a des circonstances dans lesquelles aucun intérêt public ne se trouve lésé à ce que les parties apportent des modifications aux juridictions qui peuvent être saisies de leurs différends ; que, lorsque c'est un mineur qui use de cette faculté, dans un cas où la contestation ne porte que sur des choses dont il aurait la libre disposition s'il était majeur, et que, pour un motif d'intérêt public, la loi n'a pas attribué à une juridiction spéciale, il ne fait que ce qu'il est permis à tout majeur de faire ; et qu'étant seulement incapable de contracter et par là de compromettre, le compromis par lequel il s'engage est nul, aux termes soit de l'article 1124 du Code civil, soit des articles 1003, 1004 et 83 (Proc. civ.), mais d'une nullité qui, ne touchant en rien au droit public, et établie en sa faveur et dans son intérêt privé, ne pourra lui être opposée par les personnes capables avec lesquelles il a traité ».

En résumé, le compromis doit donc être traité comme un contrat ordinaire (1).

III. *Contrat de mariage*. — Au sujet du contrat de mariage, plusieurs difficultés ont été soulevées.

Tout d'abord, l'article 1309 peut laisser supposer que le mineur n'a qu'une action en rescision et non pas une action en nullité contre son contrat de mariage ir-régulièrement fait ; le texte porte en effet que « le mineur n'est point restituable » et cette expression désigne habituellement la restitution pour cause de lésion (2).

La question a de l'importance au point de vue de la preuve.

L'opinion contraire est cependant généralement ad-mise. Le mot « restituable » ne doit pas être interprété dans son sens propre qui est limité le plus souvent à la rescision pour lésion ; les conditions spéciales requises pour la validité du contrat de mariage des mineurs cons-tituent en effet des formes analogues à celles dont l'ab-sence, d'après l'article 1311, rend l'acte nul en la forme et non sujet à rescision. Les formalités prescrites par l'ar-ticle 1309 sont nécessaires pour habiliter le mineur ; si elles n'ont pas été accomplies, il y a nullité pour vice de forme.

---

(1) En ce sens : 3 mars 1863, S. 63.1.119 ; Aix, 17 novembre 1870, D. 72. 5.28.

(2) En ce sens : Colmet de Santerre, VI, n° 15 *bis*. V. Rodière et Pont, I, n° 46 ; Baudry-Lacantinerie, III, n° 28.

On peut cependant faire intervenir la lésion, mais il faut alors la présumer et dire que le mineur a été lésé par l'inaccomplissement même des formalités.

La jurisprudence (1) est dans notre sens ; il ne pouvait du reste en être autrement, car elle prononce la nullité absolue du contrat de mariage irrégulièrement fait.

Il s'agit donc d'une action en nullité, mais les opinions sont encore partagées sur le point de savoir si le mineur seul, ou toute personne intéressée, pourra intenter cette action en nullité. Trois systèmes ont été soutenus :

1er Système. — La nullité est purement relative et l'incapable peut seul s'en prévaloir ; c'est le principe général et le législateur, dans l'article 1398, n'a pas laissé entrevoir qu'il voulait y faire exception. Les formalités ont, en effet, été prescrites dans le but de protéger les incapables et dans ce seul but ; il n'appartient donc pas aux tiers de se fonder sur leur inaccomplissement pour demander la nullité du contrat de mariage (2).

Il existe un seul arrêt de jurisprudence en ce sens (3).

2e Système. — La jurisprudence est fixée en sens contraire depuis un arrêt de la Cour de cassation du 5 mars 1855 (4) rendu sur l'espèce suivante : la nullité

(1) Cass., 13 juillet 1857, D. 57.1.334.
(2) En ce sens, Rodière et Pont, I, n° 46 ; Troplong, I, n° 288 ; Duranton, XIV, n° 10 ; Marcadé sur 1398, n° 2 ; Larombière sur 1125, n° 6 ; Colmet de Santerre, VI, 15 bis.
(3) Bordeaux, 27 novembre 1841, D. Contr. de mar., n° 471.
(4) D. 55.1.101.

du contrat de mariage peut-elle être invoquée par les tiers et spécialement par un créancier des époux, auquel ces derniers opposeraient le contrat de mariage, pour faire tomber des poursuites exercées sur les biens de la femme ?

La Cour de cassation a prononcé la nullité absolue du contrat de mariage et permis en conséquence aux tiers de demander la nullité.

Cette décision est motivée avec un soin tout particulier. La Cour de cassation, après avoir assimilé les formes, prescrites par l'article 1398, aux formes solennelles mentionnées dans les articles 1394 et 1395, invoque surtout le principe de l'immutabilité des conventions matrimoniales :

« Attendu que, dit-elle, s'il dépendait de l'époux qui, après le mariage, a contracté avec des tiers, de faire tomber ou de laisser subsister les conventions matrimoniales, selon qu'il lui plairait d'en demander ou de n'en pas demander la nullité, la condition des tiers demeurerait perpétuellement incertaine, et qu'à leur égard le pacte matrimonial perdrait le caractère d'immutabilité que la loi a voulu y attacher ;

Attendu qu'il n'y a pas lieu à faire à cette matière l'application de la règle en vertu de laquelle le mineur peut seul attaquer les actes consentis par lui hors des limites de sa capacité, et que les tiers doivent être reçus à exciper de la nullité du contrat de mariage à laquelle ils ont intérêt. »

En conséquence, la Cour de cassation jugeait que le tiers créancier avait pu invoquer la nullité résultant de ce que la femme mineure n'avait pas été régulièrement assistée dans son contrat, et il résultait de son arrêt qu'il en aurait été ainsi de toute personne ayant intérêt. à s'en prévaloir et même de l'autre conjoint capable.

Dans de nombreux arrêts, les tribunaux (1) ont, depuis, jugé suivant les mêmes principes ; un certain nombre d'auteurs (2) se sont également prononcés dans le même sens.

Ce système n'est cependant pas à l'abri de toute critique ; les formalités prescrites par l'article 1309 sont en effet exigées dans l'intérêt de l'incapable ; elles ont le même caractère de protection que toutes les formes exigées dans ce but ; leur inobservation doit donc entraîner une nullité relative que l'incapable pourra seul invoquer.

C'est la doctrine qu'ont défendue les partisans du premier système, et, pour repousser les arguments sur lesquels s'appuie la jurisprudence, ils ont pu ajouter, à juste titre, que nulle part la loi ne fait exception à l'article 1125, alinéa 2, et que s'il fallait y faire une exception, le principe de l'immutabilité des conventions ma-

____

(1) Civ. rej., 19 juin 1872, D. 72.1.346 ; Limoges, 17 avril 1869, D. 71.2.167 ; Nîmes, 9 mars 1875, S. 76.2.181 ; Rennes, 4 mai 1878, D. 72.2.1, et sur pourvoi, Req., 16 juin 1879, D. 80.1.415.

(2) Demolombe, XXIII, n° 433 ; Guillouard, I, n°s 316-317 ; Mourlon, III, p. 10, n° 1.

trimoniales ne serait pas une raison suffisante, car si
ce principe s'oppose à toute modification du contrat de
mariage qui n'aurait d'autre cause que la volonté pure
et simple de l'un des époux, il n'empêche pas que la
validité d'un acte ne puisse être soumise à la volonté
de l'une des parties, lorsque cela résulte de l'application des principes généraux du droit. C'est que, en
effet, à côté de ce principe, existe l'article 1125 avec
lequel il doit se concilier, puisque la loi n'a fait aucune
exception. Dans ces conditions, la validité du contrat de
mariage sera incertaine, mais si cette situation est fâ-
cheuse pour les tiers, ils doivent s'en prendre à eux-
mêmes, car ils pouvaient demander la production du
contrat de mariage, et s'assurer eux-mêmes de sa validité ; ils ont commis une faute, ils devront en supporter
les conséquences.

D'ailleurs, d'autres actes intéressent aussi les tiers ;
tels sont l'acceptation ou la répudiation d'une succession, et cependant il n'a jamais été admis que les tiers
intéressés pouvaient en demander la nullité, lorsque
l'un des contractants était mineur.

3° Système. — Le système appliqué par la jurisprudence a fourni les éléments d'une troisième opinion.
Quelques auteurs (1) font en effet prévaloir, comme la
jurisprudence, le principe de l'immutabilité des conventions matrimoniales, mais ils n'en tirent pas des con-

(1) Aubry et Rau, V, § 502, n° 30 ; Laurent, XXI, n° 35.

séquences aussi absolues ; ils l'invoquent pour permettre aux tiers intéressés de demander la nullité du contrat de mariage, mais ils refusent le même droit au conjoint capable.

L'article 1125, disent-ils, ne contredit pas cette solution ; cet article dispose que les personnes capables de s'engager ne peuvent opposer l'incapacité de la personne avec laquelle elles ont contracté, mais il ne prévoit que cette hypothèse ; il ne concerne que les rapports des parties entre elles, et il laisse de côté les rapports des deux parties avec leurs créanciers communs ou respectifs.

D'ailleurs, si l'on comprend qu'un pareil droit soit reconnu aux tiers, on comprend moins qu'il le soit aussi au conjoint capable, quand il ne s'agit plus que de régler entre les époux eux-mêmes le sort et les effets du contrat de mariage annulable pour cause d'incapacité de l'un d'eux. La disposition finale de l'article 1125 ne sera plus alors écartée que dans une juste mesure par l'application du principe de l'immutabilité des conventions matrimoniales.

Quant à la situation du conjoint capable, elle restera, il est vrai, incertaine pendant toute la durée du mariage, mais il faut remarquer qu'il en est ainsi dans tous les contrats passés avec des incapables. Il appartenait à celui-ci de s'assurer que toutes les formalités avaient été remplies ; s'il ne l'a pas fait, il doit supporter les suites de sa négligence.

— Ce système intermédiaire soulève une objection capitale ; en refusant à l'époux capable le droit d'agir en nullité et en ouvrant au contraire ce droit aux tiers, on donne à l'action en nullité un caractère qui ne permet pas de la ranger parmi les nullités relatives, ou parmi les nullités absolues. Ce n'est pas une nullité relative, car les tiers peuvent aussi s'en prévaloir, ce n'est pas davantage une nullité absolue car le conjoint capable ne peut l'invoquer. Ce serait donc une nullité d'une nature particulière, qu'il est impossible d'introduire dans la loi.

En résumé, l'époux incapable a seul le droit de poursuivre la nullité du contrat de mariage fait contrairement aux dispositions de l'article 1398. Il pourra la demander pendant le mariage, mais il n'aurait pas la faculté, durant cette période, de la faire disparaître au moyen de la confirmation, car un acte annulable ne peut être confirmé dans des circonstances où il n'aurait pu être valablement fait, — ou après sa dissolution, et alors il aura le choix de faire prononcer la nullité, ou d'exiger que la liquidation de l'association conjugale soit faite sur les bases des conventions matrimoniales.

Dans aucun cas, l'époux capable ou les tiers ne pourront invoquer la cause de nullité fondée sur l'inobservation de l'article 1398, ni pendant, ni après le mariage.

IV. *Acceptation de donation.* — Une controverse s'est élevée sur le caractère de la nullité d'une acceptation de donation, faite contrairement aux dispositions de l'article 935. Cette nullité est-elle relative ou absolue ? peut-elle être opposée aussi bien par le donateur et ses héritiers ou ayants cause que par le donataire ?

On a soutenu que l'inobservation des formes prescrites par l'article 935 devait entraîner la nullité absolue au même titre que l'absence des formes solennelles requises pour la validité des donations. Ces formes, dit-on, ne tiennent pas tant à la garantie des intérêts de l'incapable, qu'au but poursuivi par le législateur, en exigeant d'une façon générale l'emploi des formes solennelles pour la perfection des donations. Le législateur, en effet, ne favorise pas les libéralités entre vifs ; il les soumet à de nombreuses formalités afin de rendre les causes de nullité plus nombreuses, et, pour atteindre complètement son but, il déclare que leur inaccomplissement est sanctionné par une nullité absolue.

La même sanction doit être attachée aux formalités prescrites dans l'intérêt des mineurs, d'autant plus que cette solution est non seulement conforme à l'esprit du Code, mais qu'elle permet en outre de préserver de toute atteinte la règle de l'irrévocabilité des donations, puisque le maintien ou la nullité de celles-ci ne sera plus au pouvoir du mineur.

L'examen des textes montre combien on doit être exigeant en matière de donation. Ainsi, le législateur prend le soin de répéter dans l'article 935 ce qu'il avait déjà dit dans l'article 463, — puis, il place l'article 935 dans une section intitulée : « De la forme des donations entre vifs », considérant ainsi les conditions dont il va parler, comme des conditions de forme analogues à celles qui sont exigées pour les donations faites à des majeurs.

Enfin, il déclare dans l'article 938 que « la donation dûment acceptée sera parfaite par le seul consentement des parties ... » et il laisse sous-entendre ainsi que, si la donation n'est pas « dûment acceptée », l'absence de cette condition suffira pour entraîner l'inexistence de la donation, bien que le consentement du donataire ait été manifesté sous une autre forme.

Cette solution, dit-on encore, était généralement admise dans l'ancien droit ; cependant, la question avait été longtemps discutée, et Ricard (1) écrivait que : « ayant été curieux de savoir quels étaient les sentiments du Palais sur cette question, il les avait trouvés fort partagés ; et quoique les plus solides soient d'avis de la nullité de la donation, il pourrait pourtant bien arriver, si la question se présentait à juger par la pluralité des suffrages, que la balance serait emportée de l'autre côté ». En réalité, les partisans de la nullité absolue avaient fini par triompher.

Dans les pays de droit écrit, la question avait été plus longtemps douteuse, car les dispositions du droit ro-

(1) 1re partie, no 849.

main continuaient à y être appliquées, et sous l'empire de cette législation, le mineur, capable de faire sa condition meilleure, était par suite capable d'accepter seul une donation ; l'article 7 de l'ordonnance de 1731, en déclarant que, si le donataire était mineur, l'acceptation « pouvait » être faite pour lui par son tuteur, laissait même supposer que cette tradition était encore en vigueur au XVIII° siècle et que le mineur avait encore le droit d'accepter seul les donations qui lui étaient faites. Toutefois, en présence des difficultés qui s'étaient élevées sur ce point, l'auteur de l'ordonnance de 1731, d'Aguesseau lui-même, avait fait la réponse (1) suivante au Parlement de Toulouse, au sujet de cet article 7 : « Il vaut mieux, dit-il, prévenir le mal que d'attendre qu'il soit fait pour y apporter le remède. Enfin, l'usage d'une très grande partie du Royaume étant d'exiger l'autorité du tuteur ou du curateur pour la validité de l'acceptation, c'est un des points dans lesquels l'avantage de l'uniformité et l'intérêt public doivent l'emporter sur toute autre considération. »

Après cette explication, la plupart des commentateurs de l'article 7 décidèrent que l'autorisation du tuteur était nécessaire pour la validité de l'acceptation et par suite pour la validité et l'existence de la donation.

C'est enfin cette solution que Jaubert proposait dans son Rapport au Tribunat (2) : « L'acceptation, disait-il,

____

(1) Œuvres, t. IX, Lettres 290 et 293, p. 360 et 370.
(2) Locré, Lég., XI, p. 206 et 207, n° 17, — p. 456 et 457, n° 42.

qui ne lierait pas le donataire, ne saurait engager le donateur. Ainsi, il est naturel que la donation, faite à un mineur, ne soit acceptée que par son tuteur ou par un de ses ascendants. » Si donc, la donation n'a pas été régulièrement acceptée, le donateur n'est pas lié et la donation n'a pu exister à aucun moment.

La question a divisé les tribunaux, mais on peut constater aujourd'hui une tendance à prononcer la nullité absolue (1).

— Ce système, à notre avis, n'est cependant pas entièrement fondé ; la nullité, ici encore, doit être simplement relative et le principe général contenu dans l'article 1125 alinéa 2 est toujours applicable, puisque nulle part le législateur n'a formulé une exception.

Le principe de l'irrévocabilité des donations n'y fait pas obstacle, car il s'applique seulement à l'égard du donateur et il suffit que ce dernier soit lié d'une façon irrévocable. Pourquoi, du reste, lui permettre d'invoquer la nullité résultant de l'inobservation des formalités mentionnées dans les articles 935 et 463 ; ces formalités ont été introduites dans l'intérêt des mineurs et nullement dans celui des donateurs.

(1) Riom, 14 août 1829, D. 32.2.76 ; Grenoble, 14 juillet 1836, D. 37.2.158 ; Rouen, 27 février 1852, D. 53.2.26 ; Cass., 8 mai 1854, D. 54.2.241 ; Dijon, 12 juillet 1865, S. 66.2.173 ; Limoges, 16 décembre 1862, D. 73.2.39 ; Caen, 30 décembre 1878, D. 80.2.1 ; Cass., 15 juillet 1889, D. 90.1.100.

Dans le même sens : Laurent, XII, n° 259 ; Aubry et Rau, 7, § 652, n° 12 ; Colmet de Santerre, sur l'article 935.

On argumente à tort de l'expression « dûment acceptée » de l'article 938 ; il ne faut comprendre dans les conditions nécessaires pour que la donation soit « dûment acceptée » que les conditions de forme proprement dites, telles que l'authenticité de l'acte d'acceptation, sa notification au donateur, etc.., mais il ne faut pas y ajouter les conditions qui sont spécialement requises dans l'intérêt des mineurs.

De même, il n'y a aucun argument à tirer de la place de l'article 935 sous la rubrique : « De la forme des donations » ; si cet argument était justifié, il faudrait également dire que toutes les causes de nullité qui suivent sont relatives à des conditions de forme. Même s'il devait en être ainsi, l'argument ne prouverait rien, car l'article 935 ne fait que rappeler l'article 463.

On invoque enfin l'autorité de l'ancien droit, mais il faut remarquer que la question avait toujours été discutée, et qu'un parti important dans la doctrine, représenté par Lebrun, Bergier, Bourjon, Pothier, se prononçait en faveur de la nullité relative ; Pothier (1) notamment, a toujours soutenu que l'article 7 de l'ordonnance de 1731 n'était pas contraire au droit commun des mineurs et que le défaut d'autorisation du tuteur ne devait pas « les empêcher d'acquérir et de faire leur condition meilleure, en acceptant les donations qui leur sont faites ».

(1) *Tr. des donations*, sect. 1re, art. 2, § 2.

D'ailleurs, l'ordonnance de 1731 n'est plus en vigueur ; il convient de rechercher dans le Code les dispositions qui peuvent fournir une solution, et l'article 1125 alinéa 2 nous permet encore de dire que le mineur pourra seul demander la nullité de la donation irrégulièrement acceptée.

La jurisprudence présente quelques arrêts dans ce sens (1).

V. *Partage.* — Des difficultés du même genre existent à propos du partage, mais notons tout d'abord que ces difficultés comportent une forme nouvelle, car la sanction de l'inobservation des formalités prescrites par les articles 819 à 839 ne consiste pas dans une action en nullité pour vice de forme : le partage, irrégulièrement fait, n'est pas nul, il est seulement provisionnel (art. 466 et 840) ; c'est un partage de jouissance, laissant à chacune des parties le droit de provoquer le partage définitif, sans qu'il soit nécessaire de demander au préalable la nullité ou la rescision du partage provisionnel, mais à la condition cependant de respecter, dans les limites de l'article 815, la convention d'indivision qui aurait pu intervenir.

(1) Douai, 6 août 1826, sous Cass., 6 mars 1827, D. *Rép.*, *Dispos. entre vifs*, n° 1414 ; Nancy, 4 février 1829, D. 39.2.128 ; Colmar, 13 décembre 1808 ; Metz, 27 avril 1824, rapportés dans D. *Dispos. entre vifs*, n° 1479.

Dans le même sens : Toullier, V, n° 196 ; Duranton, VIII, n° 437 ; Marcadé, sur 935, n° 5 ; Demolombe, XX, n° 219 ; Larombière, sur 1125, n° 5.

Lorsque le partage est provisionnel, on s'est donc demandé si tous les copartageants, majeurs ou mineurs, pouvaient y mettre fin en provoquant le partage définitif, ou si ce droit devait être réservé aux mineurs seulement.

On admet en général que la solution dépend de l'intention des parties ; un partage peut, en effet, être provisionnel pour deux causes :

α) En premier lieu, lorsque telle a été l'intention des parties, et, dans cette hypothèse, les effets du partage doivent être les mêmes pour tous les copartageants, capables et incapables, puisque chacun d'eux n'a voulu se lier que d'une façon provisoire ; ils auront donc individuellement le droit de provoquer le partage définitif.

Il en est ainsi, même lorsque le partage provisionnel a été fait par le mineur sans l'intervention de son tuteur ; la partie majeure n'ayant en effet voulu faire qu'un partage provisionnel, il faut lui reconnaître, en raison de cette circonstance, le droit de provoquer le partage définitif. Il est vrai que, dans ce cas, le partage est en même temps annulable de la part du mineur, car les formes prescrites n'ont pas été observées, et par suite on pourrait objecter que le copartageant capable ne peut pas violer la règle contenue dans l'article 1125 alinéa 2 et provoquer un partage définitif destiné à remplacer le partage annulable. Mais il faut remarquer que le copartageant majeur possède un droit propre, qui dérive de l'intention des parties de ne faire qu'un partage provisionnel. C'est ce qui lui permet de demander le parti définitif ; toutefois, son droit se borne là, et il ne pourrait, en outre, comme le mineur, demander la nullité du partage provisionnel pour cause d'incapacité.

Il n'est pas nécessaire que l'intention des parties soit formulée expressément ; le plus souvent même, le partage provisionnel doit être présumé. En effet, les parties ne pouvant faire qu'un partage provisionnel, au moins à l'égard du mineur, il est naturel de présumer qu'elles ont voulu que le partage ait le même caractère à leur égard et que leur situation soit aussi avantageuse que celle du mineur. Cette présomption est encore fortifiée par les faits, car, dans la pratique, les parties ne font souvent qu'un partage provisionnel, afin d'éviter les frais qu'entraîne un partage fait pendant la minorité avec toutes les formes légales, et préfèrent attendre, pour régler définitivement leurs droits, le moment où le mineur, devenu majeur, pourra procéder à un partage définitif à l'amiable.

En l'absence de preuve contraire, il convient donc de présumer que le partage est simplement provisionnel (1).

Remarquons enfin que le mineur ne pourrait pas se faire restituer contre le préjudice qu'un partage provi-

(1) En ce sens, Toulouse, 7 avril 1834, S. 34.2.341 ; Cass., 24 juin 1839, S. 39.1.615 ; Cass., 9 novembre 1866, S. 66.1.451 ; Chambéry 9 février 1870, S. 70.5.123.

sionnel lui aurait causé, pendant le temps de sa durée, au point de vue de la jouissance ; il a seulement le droit de demander le partage définitif (1).

β) En second lieu, le partage peut être provisionnel en vertu de la loi ; c'est ce qui résulte de l'article 840 qui, après avoir déclaré définitifs à l'égard de tous les copartageants les partages régulièrement faits, déclare simplement provisionnels ceux qui l'ont été irrégulièrement. La disposition finale de l'article 840 constitue la sanction de l'inobservation des formalités prescrites, mais dans le cas seulement où les parties ont voulu faire un partage définitif, et ce qui le prouve, c'est que si les copartageants avaient eu l'intention de faire un partage provisionnel, l'article 840 n'aurait pas déclaré que le partage était définitif lorsque les formalités ont été observées, et provisionnel dans le cas contraire ; dans le premier cas, le partage ne pouvait en effet être définitif contre la volonté des contractants, et dans le second, il était évident que le partage ne pouvait être que provisionnel.

Ainsi, dans l'hypothèse prévue par l'article 840, les parties ont eu l'intention de faire un partage définitif, mais l'inobservation des formalités a rendu le partage simplement provisionnel ; on s'est alors demandé si le partage devenait provisionnel à l'égard de tous les copartageants, ou s'il ne conservait pas plutôt, vis-

____

(1) Cass., 5 juillet 1892, D. 92. 1. 503.

à-vis des co partageants capables, le caractère définitif qu'ils avaient eu l'intention de lui donner. Comme les parties vis-à-vis desquelles le partage est provisionnel peuvent seules provoquer un parti définitif, la question revient donc à se demander si tous les copartageants auront le droit de provoquer ainsi un partage définitif.

On admet généralement que le partage ne cesse pas d'être définitif à l'égard des copartageants majeurs, mais qu'il devient provisionnel à l'égard des copartageants mineurs, et que ceux-ci auront seuls le droit de demander le partage définitif. Cette solution est non seulement conforme à l'opinion la plus accréditée dans l'ancien droit (1), mais aussi aux principes généraux du Code.

L'article 1125 ne permet pas à la partie capable d'opposer l'incapacité de la personne avec laquelle elle a contracté ; cela veut dire, à propos du partage, que les copartageants majeurs ne pourront se prévaloir du caractère provisionnel que l'inobservation des formes légales a donné au partage vis-à-vis du mineur, afin de provoquer un nouveau partage, puisque l'ancien conserve à leur égard le caractère définitif qu'ils ont voulu lui donner.

La question n'aurait pas fait de difficulté si l'inobservation des formalités avait été sanctionnée, comme dans les autres actes, par une action en nullité., Cependant, le

____

(1) Lebrun, *Succ.*, l. IV, ch.1, nº 24 ; Rousseau de Lacombe, *Part.*, sect. 3, nº 4.

principe doit rester le même ; en réalité, l'acte est nul comme partage définitif ; aussi, réduite à ces termes, la question n'est plus douteuse et le principe général posé dans l'article 1125 alinéa 2 est-il toujours applicable.

Il est vrai que la validité du partage va rester incertaine pendant quelque temps, mais on peut répondre que cet inconvénient existe dans tous les contrats passés avec des incapables, et que les copartageants pouvaient aisément l'éviter en refusant de traiter dans des conditions irrégulières.

On peut répondre encore que le mineur, arrivé à l'âge de la majorité, sera libre de ratifier le partage et de lui reconnaître un caractère définitif ; l'incertitude ne sera donc pas toujours de longue durée.

En admettant même que le mineur se refuse à faire cette ratification, on pourrait peut-être autoriser les copartageants capables à le mettre en demeure de se prononcer, une fois devenu majeur, sur le caractère définitif ou provisionnel du partage. En principe, la reconnaissance d'un pareil droit, au profit des personnes capables qui ont traité avec un incapable, n'est pas sanctionnée par le Code, mais il serait cependant possible de s'appuyer dans cette hypothèse sur l'article 815, ainsi que l'a fait la Cour de Limoges dans un arrêt du 27 janvier 1824 : « Attendu que, comme le mineur peut, de prime abord, et sans demander la nullité du premier partage, en provoquer un nouveau, les cohéritiers majeurs peuvent aussi demander contre le mineur de faire cesser par un partage régulier et définitif l'indivision résultant de ce que le premier partage n'est que provisionnel, et il ne peut refuser de répondre à cette action sans se mettre en opposition avec la disposition de l'article 815 portant que « nul ne peut être contraint de rester dans l'indivision ».

Ce serait un moyen d'assurer la fixité de la propriété, surtout si l'article 840 comportait l'application de la prescription trentenaire, mais il faut reconnaître toutefois qu'un pareil droit ne peut être reconnu au profit des copartageants capables et que notamment, l'arrêt de la Cour de Limoges repose sur une fausse application de l'article 815. L'indivision n'existe pas en effet; elle demeure éventuelle jusqu'au moment où le mineur provoquera le partage définitif ou confirmera le partage provisionnel ; les copartageants ne sont donc pas dans l'indivision et par suite ils ne peuvent invoquer l'article 815 pour justifier la mise en demeure adressée à l'incapable.

C'est oublier aussi que, suivant le droit commun, les incapables ont un délai de 10 ans, à partir de la cessation de leur incapacité, pour fixer le sort des actes qu'ils ont passés ; nous reviendrons plus longuement sur ce point à propos de la prescription de l'article 1304 et nous aurons à examiner, s'il est possible, d'une façon générale, d'apporter des exceptions au principe d'après lequel les actions interrogatoires ne sont pas reçues dans notre droit.

En résumé, il y a une question d'intention à préciser : les copartageants ont-ils entendu faire un partage provisionnel ou un partage définitif ? Dans le premier cas, tous peuvent provoquer un partage définitif ; dans le second, seul le copartageant mineur en a le droit. La jurisprudence est dans ce sens (1).

— Un système opposé a cependant été soutenu. Quelques auteurs (2) s'appuient sur la généralité des termes de l'article 840 pour déclarer le partage provisionnel à l'égard de tous les copartageants et leur permettre dans tous les cas de provoquer le partage définitif.

L'article 1125, dit-on, ne contredit pas cette solution, car la sanction de l'article 840 ne consiste pas dans la nullité du partage, mais dans la restriction de ses effets ; il ne s'agit pas de donner ici à la partie capable une action en nullité, mais une action en partage, puisque le partage provisionnel n'a pas fait cesser l'indivision.

S'il fallait, disent-ils encore, déclarer le partage,

(1) Douai, 7 juin 1848, D. 49.2.194 ; Montpellier, 16 août 1842, S. 43.2.148 ; Cass., 13 février 1860, S. 60.1.785 ; Lyon, 23 mai 1868 et sur pourvoi Req., 15 juillet 1868, D. 69.1.373 ; Chambéry, 9 février 1870, D. 70.2.188 ; Req., 12 janvier 1875, D. 76.1.217, 5 décembre 1887, D. 88.1.241 ; Besançon, 30 décembre 1891, D. 92. 2.113 ; Cass., 2 juin 1897.

Dans le même sens : Demolombe, XV, nᵒ 690 et suiv. ; Aubry et Rau, VI, § 623, nᵒ 15 et suiv. ; Baudry-Lacantinerie et Wahl, II, nᵒ 3016.

(2) Delvincourt, II, p. 247 ; Duranton, VII, p. 269 et suiv. ; de Fréminville, *De la minorité*, II, nᵒ 579 ; Laurent, X, nᵒ 284.

définitif d'un côté et provisionnel de l'autre, non seulement ce serait lui donner un caractère mixte que l'article 840 ne permet pas, mais ce serait aussi exposer les copartageants majeurs à rester longtemps dans l'incertitude sur la validité du partage, et cette situation ne serait pas sans inconvénients au point de vue des intérêts publics ou privés, par suite du manque de stabilité dans la propriété qui en serait la conséquence.

— Nous avons déjà répondu à ces divers arguments en exposant le système précédent. Rappelons cependant que la question doit être résolue d'après l'intention des parties contractantes ; or, il résulte de l'article 840 que les parties ont voulu faire un partage définitif, et par suite le partage doit conserver ce caractère à l'égard des copartageants capables qui ont pu valablement le consentir comme tel, en même temps qu'il devient provisionnel à l'égard du copartageant mineur, car les formalités prescrites dans son intérêt n'ont pas été observées ; il n'y a donc aucun argument à tirer de de la généralité des termes de l'article 840.

Peu importe en outre que la sanction soit ici une action en partage et non une action en nullité. En réalité, cette action sanctionne l'incapacité du mineur ; l'article 1125 alinéa 2 est donc toujours applicable et c'est ce qui justifie le caractère mixte que notre système donne au partage.

— Ainsi, dans tous les cas, la nullité est simplement relative et le mineur peut seul s'en prévaloir ; rien n'empêche cependant que le tuteur ne provoque, au nom de l'incapable, l'annulation des actes que celui-ci a consentis sans observer les formes légales (1).

De même encore, le mineur, ou bien le tuteur en sa qualité de représentant légal, peut seul invoquer la lésion, et demander pour cette cause la rescision de ses engagements ; aucun texte ne le décide expressément, mais cela résulte suffisamment de l'article 1125 alinéa 2, et l'article 1305 confirme cette interprétation en disposant que c'est « en faveur » du mineur que la lésion donne lieu à la rescision. La demande en rescision ne pourrait même être arrêtée par l'offre d'une indemnité destinée à faire disparaître la lésion. Ce dernier point a cependant été contesté et quelques auteurs (2) ont voulu permettre aux tiers de faire cette offre, mais on a justement répondu que les dispositions exceptionnelles des articles 891 et 1681 ne pouvaient être étendues, dans le silence de la loi, aux actes rescindables pour cause de minorité, et que le mineur pouvait en conséquence repousser toute offre d'indemnité.

— La nullité ou la rescision ne peuvent être proposées par les coobligés du mineur. Ce sont des moyens de dé-

(1) Cass., 21 décembre 1836, S. 37.1.114.
(2) Duranton, XII, n° 526 ; Aubry et Rau, IV, § 333, n° 6 ; Laurent, XVIII, n° 529.

fense purement personnels, en ce sens que les coobligés ne peuvent s'en prévaloir pour prétendre à une diminution quelconque de leurs obligations, d'autant plus que leur intervention a eu sans doute pour but de garantir le créancier contre l'incapacité du débiteur principal. Ceci résulte pour la caution de l'article 2012, aux termes duquel on peut cautionner une obligation, encore qu'elle fût susceptible d'être annulée par une exception purement personnelle à l'obligé, par exemple au cas de minorité, — et de l'article 1208 pour les débiteurs solidaires (1).

La même solution est applicable à la personne qui s'est portée fort pour le mineur (2).

Les coobligés ne peuvent donc demander la nullité ou la rescision qui résulte de l'incapacité de l'un d'eux, mais, d'après certains auteurs (3), cette proposition ne serait plus exacte dans les cas d'obligations purement indivisibles, « parce que, dit Duranton, *in individuis minor majorem relevat*, ainsi que les articles 709 et 710 nous en offrent des exemples ». C'est ce qui aurait lieu notamment dans le cas où le mineur, copropriétaire d'un immeuble, aurait, de concert avec les autres copropriétaires majeurs, constitué une servitude sur cet immeuble.

(1) En ce sens, Nancy, 11 juillet 1831, D. *Oblig.*, n° 376; Rennes, 16 avril 1894, *Gaz. du Palais*, 94.1.589.
(2) Rennes, 19 juillet 1820, D. *Oblig.*, n° 255.
(3) Proudhon, II, p. 489; Duranton, XII, n° 546; Zachariae, § 335, n° 6.

Cette interprétation de la règle *In individuis minor majorem relevat* ne nous semble pas fondée ; on en fait une fausse application, car, suivant le texte même, elle suppose une prescription ou une déchéance relative à un droit indivis entre mineurs et majeurs.

Les mêmes auteurs invoquent en outre le principe de l'indivisibilité des servitudes, mais ce nouvel argument soulève une objection de même nature.

La règle en vertu de laquelle une servitude ne peut être constituée pour partie, n'a pas en effet pour conséquence de permettre au copartageant majeur de se prévaloir de la nullité qui résulte de la minorité de l'un d'eux ; cela veut dire seulement, d'après MM. Aubry et Rau (1), que, « si l'immeuble sur lequel la servitude a été constituée, tombe au lot du mineur, elle s'évanouira pour le tout. Mais s'il échoit à l'un des copropriétaires majeurs, on ne voit pas à quel titre celui-ci se prévaudrait de la cause de nullité personnelle au mineur, dont l'action pourrait même être déclarée prématurée, tant que l'immeuble grevé de la servitude ne serait pas devenu, par l'effet du partage, sa propriété exclusive ».

— L'action en nullité ou en rescision est transmissible aux héritiers et successeurs universels de ceux au profit desquels elle était ouverte. C'est, en effet, un droit pécuniaire qui fait partie du patrimoine et qui passe aux

(1) Aubry et Rau, VI, § 335, n° 15.

héritiers en même temps que le patrimoine. Le mineur pourrait même la céder ; ce point a été jugé au sujet d'une action en nullité pour vice de forme (1).

— Enfin, on admet généralement qu'il ne faut pas faire rentrer ce droit dans ceux qui, d'après l'article 1166, sont exclusivement attachés à la personne du mineur.

Toullier (2) l'a cependant contesté ; il expose que l'on doit laisser l'incapable seul juge de la validité ou de l'invalidité de son obligation, car il n'appartient qu'à lui d'apprécier en conscience, s'il se croit véritablement lié par son engagement. Permettre aux créanciers de demander la nullité ou la rescision, ce serait non seulement aller contre le sentiment du mineur, mais ce serait aussi favoriser les créanciers postérieurs à la minorité au préjudice des créanciers antérieurs, puisque les premiers pourraient intenter les actions en nullité ou en rescision qui appartiennent à leur débiteur contre les engagements antérieurs qu'il a souscrits pendant sa minorité.

A côté de ces considérations morales, Toullier invoque des raisons plus juridiques ; il interprète « les droits exclusivement attachés à la personne » dont parle l'article 1166, dans le même sens que « l'exception purement personnelle à l'obligé » de l'article 2012, et il

(1) Paris, 18 mars 1839, D. 39.2.90.
(2) VII, n° 566 et s.

déclare que ces droits sont comme dans l'article 2012, ceux qui résultent de la minorité. S'il fallait interpréter. différemment l'article 1166, « ne serait-ce pas, dit-il, une subtilité qui n'est pas dans l'esprit de la loi ».

— Cette argumentation n'a pas prévalu ; d'un côté, s'il est vrai que le mineur peut, en conscience, vouloir ratifier son engagement, cette considération n'a cependant pas empêché le législateur, dans l'article 2225, d'autoriser les créanciers à opposer la prescription du chef de leur débiteur, malgré les scrupules louables qui avaient peut-être déterminé celui-ci à renoncer à la prescription.

D'un autre côté, les articles 1166 et 2012 ne visent pas les mêmes hypothèses. Si, dans l'article 2012, la caution ne peut invoquer l'exception purement personnelle qui résulte de la minorité, c'est qu'elle est présumée s'être engagée précisément pour garantir le créancier contre l'incapacité du débiteur principal ; on oppose ainsi cette exception aux exceptions réelles qui peuvent être invoquées par tous les coobligés. Il en est également ainsi dans l'article 1208 ; l'exception résultant de l'incapacité n'est pas une exception réelle, et par suite elle ne peut être invoquée par le codébiteur solidaire. L'article 1166 parle au contraire de « droits exclusivement attachés à la personne du débiteur » ; or, si l'incapacité entraîne une cause de nullité toute personnelle à l'incapable, cela n'empêche pas que le droit de faire valoir en justice cette cause de nullité ne soit reconnu à d'autres personnes qu'à l'incapable. Ce qui le prouve, c'est la disposition de l'article 1338, en vertu de laquelle la ratification d'une obligation entachée d'un vice d'incapacité, ne peut préjudicier aux droits des tiers ; s'il en est ainsi, c'est donc que certains tiers peuvent, du chef de l'incapable, se prévaloir de la nullité de cette obligation. Du reste, il s'agit là d'un droit pécuniaire, et c'est avec raison que le législateur a préféré des créanciers dont le droit est certain, à ceux dont le droit, acquis en temps de minorité du promettant, peut être attaqué par ce dernier pour cause d'incapacité.

Il convient donc d'interpréter les articles 1166 d'une part, 1208 et 2012 d'autre part, suivant leurs dispositions respectives et de repousser toute analogie entre des expressions qui s'appliquent à des cas différents.

C'est l'opinion généralement admise par la doctrine et la jurisprudence (1).

§ 2. — La nullité ou la rescision est susceptible de confirmation.

La nullité étant relative, il est permis au mineur, devenu majeur, de faire disparaître au moyen de la confirmation le vice de l'obligation contre laquelle il pouvait agir pour vice de forme ou pour cause de lésion.

(1) Bastia, 26 mai 1834 ; Rouen, 9 juin 1878 ; Bastia, 30 août 1854 rapportés dans Dalloz, *Oblig.*, n° 930 ; Douai, 24 mai 1854, D. 55.2.51 ; *Contrà* : Paris, 10 janvier 1835, D. 35.2.53.

C'est la deuxième conséquence qui résulte du caractère relatif de la nullité qui frappe les engagements des incapables ; elle est formulée expressément dans la loi pour le cas spécial où le mineur a contracté seul : l'article 1311 nous dit en effet que « le mineur n'est plus recevable à revenir contre l'engagement qu'il avait souscrit en minorité, lorsqu'il l'a ratifié en majorité, soit que cet engagement fût nul en la forme, soit qu'il fût seulement sujet à restitution ».

En principe, la confirmation, d'après l'article 1311, ne peut avoir lieu qu'après la cessation de l'incapacité ; cependant, rien ne s'oppose à ce qu'elle ait lieu immédiatement après la convention annulable ou rescindable, s'il est possible de faire disparaître dès ce moment le vice dont était entachée cette convention ; lorsque, par exemple, le mineur a fait seul un acte qui n'exigeait aucune forme, le tuteur en sa qualité de représentant légal du mineur, peut immédiatement confirmer cet acte, qui est alors considéré comme s'il avait été passé *ab initio* par le tuteur.

De même, lorsque le mineur a fait seul un acte qui exigeait pour sa validité l'accomplissement de formalités spéciales, le tuteur, en accomplissant ces formalités, fait disparaître la nullité dont cet acte était entaché.

Toutefois, ce dernier point a été discuté ; régulièrement en effet, les formalités exigées dans l'intérêt des incapables doivent être accomplies avant la réalisation de l'acte ; plusieurs articles semblent même exiger expressément cette condition ; ainsi, d'après l'article 461, le tuteur ne peut accepter ou répudier une succession échue au mineur sans une autorisation « préalable » du conseil de famille ; de même, au cas d'emprunt, l'article 457 déclare que le conseil de famille ne devra accorder son autorisation qu'après avoir constaté que les deniers du mineur étaient insuffisants.

A un autre point de vue, on peut dire encore que l'action en nullité appartient aussitôt née au mineur et constitue à son profit un droit acquis qui ne peut lui être enlevé sans son consentement. C'est ce que l'on décide pour l'action en nullité de la femme mariée qui a contracté sans l'autorisation de son mari : dans cette hypothèse, la ratification émanée du mari n'éteindrait pas l'action en nullité de la femme ; il n'y a pas lieu de croire que la solution doive être différente pour l'action en nullité du mineur.

On peut ajouter, enfin, que le droit de confirmer n'appartient qu'à celui qui peut demander la nullité ; or, ce serait violer ce principe que d'attribuer à l'intervention postérieure du conseil de famille ou du tribunal un véritable effet confirmatif ; la confirmation est en effet une renonciation à l'action en nullité, et le conseil de famille ou le tribunal ne sont pas qualifiés pour y procéder.

Il résulterait en définitive de ces divers arguments, que l'accomplissement des formalités doit toujours précéder la conclusion de l'acte (1).

(1) En ce sens, Paris, 19 janvier 1810, D. *Minorité*, n° 563 ; Riom, 16 mai 1842, S. 42.2.360.

Toutefois on admet que leur accomplissement ulté-
rieur entraîne confirmation de l'acte annulable. L'expression « confirmation » n'est sans doute pas exacte,
car la confirmation implique habituellement une renonciation à une action en nullité, tandis que dans
notre cas, le conseil de famille ou le tribunal inter-
viennent pour compléter la validité de l'acte, et non
pour renoncer à une action en nullité qu'ils ne pourraient d'ailleurs pas exercer ; mais s'il n'est pas exact
d'employer cette expression, on doit reconnaître néanmoins que l'effet produit sera le même.

D'ailleurs, cette solution est conforme à l'intérêt du
mineur ; si le tuteur, le conseil de famille ou le tribunal approuvent l'acte, c'est qu'il était sans doute avantageux pour le mineur et que, pour le maintenir et en
assurer la validité, on a tenu à faire disparaître toute
cause de nullité (1).

Cependant, le principe reste toujours que le mineur
ne peut confirmer ses actes qu'à partir de sa majorité ;
faite avant cette époque, la confirmation n'aurait d'autre valeur que l'obligation annulable et serait entachée
du même vice.

— Quant aux mineurs émancipés, ils peuvent immédiatement confirmer les actes d'administration qu'ils ont
passés en état de minorité et que leur émancipation leur

(1) En ce sens : Grenoble, 4 juin 1836, S. 37.2.110 ; Cass., 12 mars
1839, S. 39.1.274 ; Angers, 9 mars 1843, S. 43.2.348.

donne maintenant le droit d'accomplir valablement seuls, mais ils n'ont ce droit, pour les conventions qui excèdent les bornes de leur capacité, que du jour de leur majorité, à moins que toutefois ils ne régularisent auparavant la convention annulable ou rescindable en requérant l'assistance de leur curateur ou en accomplissant les formalités prescrites.

A la différence du tuteur, le curateur n'aurait pas le droit de régulariser dans les mêmes conditions la convention sujette à nullité ou à rescision ; il dépasserait sa mission, car il assiste le mineur émancipé mais il ne le représente pas.

Conditions de forme. — La confirmation peut être expresse ou tacite.

La confirmation expresse résulte d'une manifestation formelle de volonté de la part de celui qui confirme.

Tacite, elle résulte de l'exécution volontaire totale ou même partielle de la convention sujette à l'action en nullité ou en rescision.

L'exécution est volontaire quand elle est faite :

1° Avec la connaissance du motif de l'action en nullité ou en rescision.

2° Avec l'intention de réparer ce vice.

Ces conditions sont formellement exigées par l'article 1338 pour la confirmation expresse ; elles le sont à plus forte raison pour la confirmation tacite, et elles doivent alors se retrouver dans l'exécution. La question de savoir s'il y a exécution volontaire est une question de fait laissée à l'appréciation des tribunaux.

La prescription de 10 ans à laquelle sont soumises les actions en nullité ou en rescision est fondée sur une présomption de renonciation ou de confirmation ; c'est donc un cas de confirmation tacite ; nous l'étudierons spécialement dans le paragraphe suivant.

Etendue de la confirmation. — Lorsque le mineur est devenu majeur, il peut valablement confirmer tous les actes entachés de nullité ou de rescision à raison de son incapacité personnelle et sans qu'il y ait à distinguer entre les actes qu'il a passés seul et ceux que son tuteur a consentis sans observer les formes requises (1). Cependant, il y a eu des difficultés particulières pour le partage provisionnel.

On a objecté (2) que la confirmation n'était pas possible, car le partage n'est pas nul, mais simplement provisionnel ; or, dit-on, la confirmation suppose une renonciation à une action en nullité ou en rescision et par suite la confirmation d'un partage provisionnel est impossible. Mais cette objection n'est pas fondée ; la seule conséquence qui en résulte, c'est que le mineur ne peut sans doute « confirmer » dans le sens propre du mot, mais

(1) Grenoble, 29 janvier 1825, D. 25.2.237 ; Cass., 25 novembre 1856, D. 56.1.386 ; 17 juillet 1883, D. 84.1.61 ; Riom, 27 mai 1884, D. 85.2.288.
(2) Duranton, VII, n° 181 ; Laurent, X, 283.

il peut valablement « renoncer » au droit de demander
un partage définitif, en acceptant comme tel le partage
provisionnel et une semblable « renonciation » n'est
soumise à aucune autre condition que la volonté et la
capacité du renonçant.

Effets. — Suivant l'article 1338 alinéa 3, la confirmation, ratification ou exécution volontaire, dans les
formes et à l'époque déterminées par la loi, emporte la
renonciation aux moyens et exceptions que l'on pouvait opposer « sans préjudice néanmoins du droit des
tiers ».

La confirmation a donc pour effet de rendre inatta-
quable l'acte qui renfermait une cause de nullité ou de
rescision, comme s'il avait été valable *ab initio*. Ce n'est
donc pas un acte nouveau ; le fait antérieur est au contraire maintenu et la validité en est désormais assurée.

Cet effet rétroactif se produit entre les parties, mais
à l'égard des tiers, l'article 1338 dispose qu'il ne peut
se produire « sans préjudice » de leurs droits.

Il est nécessaire de préciser quels sont ces tiers, car,
suivant les matières, la notion de tiers est variable.
Pour être tiers, en général, il faut n'avoir pas été partie
à l'acte et n'être pas le successeur universel de l'une des
parties ; mais ici, ces conditions ne suffisent plus et, si
l'on s'en rapporte aux motifs de la loi, il faut dire que
les tiers sont les ayants cause à titre particulier de celui
de qui émane la confirmation, c'est-à-dire tous ceux

auxquels il a concédé, antérieurement à la confirmation, sur la chose qui en fait l'objet, un droit qui serait
anéanti ou seulement diminué si la confirmation ré-
troagissait. Si, au contraire, le droit avait été acquis postérieurement à la confirmation, l'ayant cause serait tenu
de subir l'effet rétroactif qui s'est déjà produit entre les
parties au moment de la confirmation.

Ainsi, un mineur a vendu un immeuble sans observer les formalités prescrites ; cette vente est nulle ;
puis, devenu majeur, il revend le même immeuble à
une autre personne et il confirme la première vente ;
cette confirmation n'aura aucun effet contre le second
acquéreur qui restera propriétaire de l'immeuble.

Le second acquéreur est en réalité un ayant cause,
mais c'est cependant un tiers dans le sens de l'article 1338, car s'il est ayant cause pour tous les actes de
son auteur qui sont antérieurs à l'acquisition à son
profit d'un droit propre et désormais indépendant de la
volonté de celui-ci, il doit être considéré comme tiers
pour tous les actes postérieurs.

Cette solution repose sur l'équité ; elle se justifie en
outre par des raisons juridiques. Lorsque, en effet, une
personne majeure concède sur une chose un droit dont
elle avait déjà disposé en minorité, mais qu'elle peut
faire rentrer dans son patrimoine par l'exercice d'une
action en nullité ou en rescision, il est juste de présumer que cette personne, en transférant valablement le
droit qu'elle avait déjà transmis irrégulièrement, a re-

noncé implicitement à exercer pour son propre compte l'action qui lui appartenait contre la première convention, et qu'elle en a même fait la cession à celui auquel elle a transmis le même droit après sa majorité.

§ 3. — **La nullité ou la rescision est susceptible de se couvrir par la prescription de 10 ans.**

Enfin, l'action en nullité et en rescision du mineur se prescrit par 10 ans, conformément au principe général contenu dans l'article 1304.

I. — *L'article 1304 s'applique-t-il à tous les actes nuls pour vice de forme ?* — Aucune difficulté n'a été soulevée contre l'application de la prescription décennale aux actes nuls en la forme passés par le mineur, mais il n'en est plus ainsi, lorsque de tels actes ont été passés par le tuteur, et, dans ce dernier cas, on s'est demandé si le mineur devait agir en nullité dans le délai de 10 ans (art. 1304) ou dans le délai ordinaire de 30 ans (art. 2262).

α) *Vente.* — La question s'est présentée surtout à propos de la vente d'immeubles du mineur consentie par le tuteur. Nous savons déjà qu'une vente irrégulière, consentie par le tuteur, n'est pas inexistante ; le mineur doit en demander la nullité, mais doit-il le faire dans le délai de 10 ans ou dans le délai de 30 ans ?

On a soutenu que la prescription de 30 ans était seule applicable. C'était, dit-on, l'opinion qui semblait prédominer dans l'ancien droit ; on décidait en effet que l'article 134 de l'ordonnance de 1539, relatif à la prescription de 10 ans, ne s'appliquait qu'aux actes faits par les mineurs en personne et non à ceux consentis par leurs tuteurs dans des conditions irrégulières. Pothier (1) disait notamment que la vente « faite par le tuteur, n'est pas plus le fait du mineur que ne le serait le fait d'un étranger, qui se serait avisé de vendre cet immeuble... Le pouvoir du tuteur, ajoutait-il, ne s'étend pas jusqu'à pouvoir aliéner les immeubles de son mineur. De là, il suit que, si un tuteur avait vendu et livré un immeuble de son mineur, il n'en aurait pas transmis la propriété à l'acheteur, et le mineur devenu majeur pourrait, dans les 30 ans depuis sa majorité, revendiquer cet immeuble, sans avoir pour cela besoin de lettres de rescision ».

Duranton, reproduisant la théorie de Pothier, considérait également la vente de l'immeuble du mineur, faite sans les formalités requises, comme une vente de la chose d'autrui, consentie *a non domino*. Le tuteur est, disait-il, « un étranger qui dispose sans droit et sans mission de la chose d'autrui (2) » et, comme Pothier, il concluait que le mineur avait, « pour recouvrer les biens livrés ou abandonnés en exécution d'un tel acte, tout le temps qu'il faudrait à l'autre partie ou à des tiers pour

(1) *Tr. des pers.*, part. 1, L. VI, article 3, § 2.
(2) XII, n° 545.

en acquérir la propriété à leur profit par le moyen de la prescription (1) ».

Telle est, a-t-on dit, la doctrine qui a dû passer dans le Code ; l'article 1304 n'est en effet que la reproduction de l'article 134 de l'ordonnance de 1539 ; il faut donc lui donner le même sens que dans l'ancien droit, d'autant plus que rien dans les travaux préparatoires ou dans le texte du Code ne peut faire supposer une intention contraire. Et même, cette solution peut s'appuyer sur l'article 1998 du Code civil, relatif au mandataire qui a dépassé les limites de son mandat. Lorsque le tuteur contracte sans observer les formes requises, il dépasse son mandat, et les actes qu'il fait dans ces conditions « n'obligent point le mineur, dit Duranton (2), car un tuteur n'est rien autre chose qu'un mandataire légal, et il est de principe que lorsqu'un mandataire excède ses pouvoirs, ce qu'il fait au delà n'oblige point le maître envers les tiers ». Cette règle est formelle pour le mandat conventionnel : elle doit l'être à plus forte raison pour le mandat légal et surtout lorsque le mandant est un mineur, c'est-à-dire une personne que le législateur prend toujours sous sa protection ; comme un mandant ordinaire, le mineur n'est donc pas obligé par les actes qui dépassent les pouvoirs du tuteur et l'expiration du délai de dix ans n'en rendra pas la validité assurée et définitive.

Ainsi, d'après Pothier et Duranton, la prescription

(1) X, n° 282.
(2) X, p. 301.

trentenaire serait seule applicable. Mais leur doctrine soulève une objection capitale ; nous avons déjà montré, en effet, que la vente irrégulière consentie par le tuteur ne peut être assimilée à la vente de la chose d'autrui : cette vente est simplement nulle en la forme et non pas inexistante. C'est déjà un premier argument contre l'admission de la prescription trentenaire.

Cette doctrine aurait en outre l'inconvénient d'empêcher le mineur, devenu majeur, de confirmer la vente consentie par le tuteur, et c'est pourquoi M. Labbé (1) a fait remarquer que d'autres principes conduisaient également à l'admission de la prescription trentenaire, mais qu'il fallait les rechercher dans l'application des règles qui régissent les rapports entre le mandant et le mandataire qui a dépassé ses pouvoirs. Lorsque, en effet, le tuteur n'accomplit pas les formalités prescrites, il n'en agit pas moins en qualité de représentant légal du mineur, mais il est alors dans la situation du mandataire qui a dépassé les limites de son mandat ; or, lorsque ce fait se produit, non seulement l'acte du mandataire n'oblige pas le mandant, mais encore l'expiration du délai de 10 ans n'entraîne pas la confirmation tacite de cet acte ; la prescription de 30 ans et non pas celle de 10 ans est alors applicable.

Le mineur se trouve dans une situation analogue vis-à-vis de son tuteur ; les règles ordinaires du mandat

____

(1) Note Sirey, 72.2.1.

sont donc applicables et par suite le mineur doit conserver pendant 30 ans le droit de se prévaloir de l'invalidité
de l'acte nul en la forme passé par son représentant.

D'après M. Labbé lui-même, les conséquences de son
système seront que :

1° Celui dont les biens ont été ainsi vendus pourra,
après sa majorité, ratifier la vente.

2° Celui qui a acquis dans ces conditions pourra sommer l'ex-mineur de se prononcer sur la ratification dans
un délai moralement nécessaire.

3° La prescription de 30 ans seule mettra, en tout cas,
fin à l'incertitude des situations et confirmera l'aliénation.

La jurisprudence présente quelques arrêts dans le
sens de la prescription trentenaire (1).

La Cour de Riom notamment s'appuyait sur l'article 1304 ; la disposition de cet article suppose, disait-
elle, la participation du mineur à l'acte annulable,
et elle en concluait que la prescription de 10 ans
n'était plus applicable quand le tuteur agissait en sa
qualité de représentant légal de l'incapable. Elle justifiait cette solution, en faisant remarquer que la prescription courait contre le mineur à partir de sa majorité ; or, si l'article 1304 s'appliquait aussi aux actes
faits par le tuteur, le législateur aurait fait courir la

(1) Riom, 13 décembre 1826, S. 27.1.147 ; Douai, 24 août 1839,
Journ. du Pal., 39.2.659 ; Bordeaux, 21 avril 1858, S. 58.2.395 ; Douai,
20 novembre 1870, S. 72.2.1.

prescription du jour où le mineur, devenu majeur, aurait eu connaissance de l'acte et non du jour de sa majorité.

— La plus grande partie de la doctrine et de la jurisprudence se prononce en sens contraire et décide que la prescription de 10 ans est seule applicable.

L'autorité de l'ancien droit n'est pas, en effet, toujours décisive ; des modifications ont souvent été apportées aux anciens principes, elles n'ont pas toujours été formulées nettement, mais il résulte cependant de l'ensemble des dispositions du Code relatives à la protection des mineurs, que le législateur a surtout cherché à garantir la stabilité des conventions et à rassurer les tiers ; pour atteindre ce but, il devait non seulement restreindre les cas de nullité ou de rescision, mais encore diminuer le délai de la prescription, de façon à rendre moins longtemps indécis les droits des tiers.

Du reste, cette doctrine trouve un solide point d'appui dans l'article 450 ; Pothier et Duranton, en considérant l'acte nul en la forme, accompli par le tuteur, comme un acte fait « par un étranger sans caractère », contredisaient cet article, qui dispose au contraire que le tuteur représente le mineur dans tous les actes civils. Le mandat du tuteur est général ; il s'étend donc à tous les actes civils et même à ceux qui sont irrégulièrement faits. L'inobservation des formalités n'a pas pour conséquence d'enlever au tuteur sa qualité de représentant légal, et de le mettre, suivant l'opinion de M. Labbé, dans la même situation qu'un mandataire qui a dépassé ses pouvoirs ; le mineur a quand même été représenté, mais il l'a été irrégulièrement, et, comme l'acte accompli dans ces conditions a été vicié par l'inaccomplissement des formalités, il en résulte que cet acte est nul et que le mineur pourra en poursuivre la nullité.

C'est donc une question de nullité qui est en jeu ; par suite, l'article 1304 et non pas l'article 2262 est seul applicable ; le mineur aura un délai de 10 ans à compter de sa majorité pour agir en nullité, et s'il laisse passer ce délai, son silence équivaudra à une confirmation tacite de l'acte annulable.

On peut encore ajouter que l'observation des formalités n'est exigée que dans l'intérêt du mineur et que lui seul doit pouvoir se fonder sur leur absence pour introduire une action en nullité. S'il fallait au contraire admettre, d'après Pothier et Duranton, que la vente consentie par le tuteur est entachée de nullité absolue, comme faite *a non domino*, il faudrait décider que l'acquéreur pourrait aussi en proposer la nullité et violer ainsi le principe général contenu dans l'article 1125, alinéa 2. Le système de M. Labbé entraîne la même objection, puisque l'acquéreur aurait la faculté de sommer l'ex-mineur de se prononcer sur la ratification dans un délai moralement nécessaire ; d'ailleurs, nous verrons plus loin que le droit d'interpeller ainsi le mineur sur la validité d'un acte annulable ou rescindable pour cause d'incapacité, n'est pas reconnu par le Code civil.

Quant à l'argument sur lequel s'appuyait la Cour de Riom, il ne repose sur aucun fondement. Il est possible sans doute que le mineur ignore l'acte accompli par son tuteur et que la prescription coure contre lui à son insu, mais cette considération ne peut suffire pour faire admettre la distinction que la Cour de Riom introduit dans l'article 1304. Il y a lieu de remarquer, au contraire, que la loi suppose toujours le tuteur agissant en qualité de représentant légal du mineur et qu'elle met implicitement sur la même ligne les actes faits par le tuteur et ceux faits par le mineur ; il en résulte que les uns et les autres doivent être régis par les mêmes règles et que l'article 1304 leur est également applicable.

Terminons enfin en disant que, si l'article 1304 était restreint aux actes passés par le mineur, il serait presque dépourvu d'utilité, car il est très rare qu'une personne traite directement avec le mineur pour une opération rentrant dans les pouvoirs du tuteur, surtout lorsqu'il s'agit d'une opération importante comme la vente d'un immeuble. Pourquoi donc le législateur aurait-il édicté l'article 1304, si, dans la pratique, il ne devait pas être appliqué ? Cette critique n'est plus possible, si l'on admet que l'article 1304 vise aussi les actes faits irrégulièrement par le tuteur.

La plus grande partie des auteurs et de nombreux arrêts se prononcent en faveur de la prescription décennale (1).

(1) Solon, *Nullités*, II, n° 468 ; de Fréminville, *Minorité*, II, n° 896 ;

Les raisons qui ont décidé parfois la jurisprudence ne sont cependant pas à l'abri de toute critique. Plusieurs arrêts (1) établissent un rapprochement entre les articles 1304 et 475, et déclarent que, suivant la disposition de l'article 475, le tuteur ne peut dans aucun cas être recherché par le mineur pour faits de tutelle, après 10 ans depuis la majorité. Or, s'il était permis au mineur d'agir en nullité pendant un délai de 30 ans contre les actes que son tuteur a passés dans des conditions irrégulières, ce serait rompre l'harmonie que le Code a établie entre les articles 475 et 1304 ; au cas de vente par exemple, le tiers acquéreur évincé par le mineur aurait un recours en garantie contre le tuteur, et le mineur obtiendrait indirectement, après un délai de 10 ans, un résultat qu'il n'aurait pu obtenir directement.

Cet argument n'est cependant pas décisif ; il n'existe aucune preuve qui permette d'affirmer que le législateur ait voulu faire concorder les délais des articles 475 et

Marcadé sur 1311, n° 2 ; Larombière sur 1304, n° 46 ; Demolombe, VI, n° 90 ; Laurent, XVI, n° 36 ; Aubry et Rau, IV, § 339, n° 13.

Cass., 14 novembre 1826 ; Riom, 25 mars 1829, 8 mai 1829 ; Toulouse, 13 mai 1829, S. et P. chr.; Cass., 25 novembre 1835, S. 36.1. 130 ; Montpellier, 10 février 1837, D. 38.2.135 ; Nîmes, 14 janvier 1839, S. 39.2.369 ; 22 mars 1839, S. 39.2.461; Paris, 2 novembre 1840, S. 41.1.134 ; Cass., 20 avril 1842, S. 42.1.434 ; Grenoble, 10 juin 1842, S. 43.2.144 ; Rouen, 17 janvier 1846, S. 47.2.351 ; Bordeaux, 8 juillet 1863, S. 63.2.268 ; 27 juillet 1871, S. 72.2.221 ; Cass., 7 mars 1876, S. 76.1.291.

(1) Cass., 25 novembre 1835 ; Grenoble, 10 juin 1842 ; Nîmes, 14 janvier 1839, déjà cités.

1304 ; l'interruption de l'un des deux délais n'aurait en effet aucune influence sur la durée de l'autre.

A un autre point de vue, les actions dont parlent ces deux articles, sont complètement indépendantes ; la première sanctionne la responsabilité du tuteur envers le mineur ; la seconde sanctionne, au contraire, l'irrégularité des actes consentis par le mineur ou par le tuteur. Les hypothèses sont donc différentes, et dans ces conditions, il est impossible de justifier le délai de l'article 1304 par le délai de l'article 475.

Cet argument n'a donc aucune valeur, mais ceux que nous avons exposés précédemment ne doivent laisser aucun doute sur l'admission de la prescription décennale dans tous les cas où l'acte est nul pour vice de forme, qu'il ait été conclu par le tuteur ou par le mineur.

La solution serait la même (1) si le tuteur avait fait un acte au nom du mineur, en se portant fort pour lui, car il agit toujours en qualité de tuteur.

Mais il n'en serait plus ainsi, si le tuteur avait traité en son nom personnel, par exemple en qualité de propriétaire de l'immeuble du mineur.

Il y a là une véritable disposition de la chose d'autrui ; la vente est, alors, à l'égard du mineur, *res inter alios acta*, et celui-ci, ayant conservé son droit de propriété, pourra, aussitôt sa majorité, intenter directe-

______

(1) Req., 12 février 1872, D. 73.1.413.

ment contre le tiers détenteur l'action en revendication (1).

A plus forte raison, la même solution devrait être donnée lorsque le tuteur vend l'immeuble du mineur après la cessation de l'incapacité (2).

Elle devrait l'être encore lorsque la vente a été conclue par le curateur d'un mineur émancipé.

Dans toutes ces hypothèses, il sera vrai de dire que l'acte a été passé par « un étranger sans caractère », et cette formule sera exacte même à l'égard du curateur, car il assiste, mais ne représente pas de plein droit le mineur émancipé.

β) *Partage.* — La sanction particulière qui s'attache au partage, fait contrairement aux dispositions des articles 466 et 840, a soulevé la question suivante : L'action que le mineur peut exercer pour substituer un partage définitif au partage provisionnel, est-elle soumise à la prescription de 10 ans ou à la prescription trentenaire du droit commun ?

Remarquons d'abord que cette action n'est pas subordonnée à la nécessité pour le mineur de faire annuler ou rescinder le partage irrégulier, car ce partage n'est pas nul, mais provisionnel. Il n'est pas question ici d'une action en nullité ; le mineur peut demander

(1) Cass., 14 novembre 1826, S. et P. chr. ; Bordeaux, 21 avril 1858, S. 58.2.395.

(2) Cass., 8 décembre 1813, S. et P. chr.

de plein droit un partage définitif, aussi, réduite à ces termes, la question n'est plus douteuse et doit être résolue, ainsi que la plupart des auteurs (1) l'admettent, en faveur de l'admission de la prescription trentenaire et non de la prescription décennale de l'article 1304. qui est spéciale aux actions en nullité et en rescision.

En réalité, l'action qui appartient au mineur est une action en partage, et, comme telle, elle doit être régie par les mêmes règles que l'action en partage du droit commun. Elle est donc, en principe, imprescriptible, mais ceci n'empêche cependant pas que les autres copartageants aient le droit de repousser la demande en partage quand, au bout de 30 ans, ils peuvent opposer la prescription acquisitive des objets mis dans leur lot ; du reste, ce délai de 30 ans court à dater du partage, car dès cette époque les copartageants capables ont pu considérer le partage comme définitif et posséder chacun séparément *pro suo* les biens qui leur étaient échus.

Quelques auteurs (2) ont au contraire soutenu que la prescription de 10 ans était applicable, mais, pour rendre leur opinion vraisemblable, ils ont dû considérer le premier partage comme entaché de nullité et ils disent en effet que le partage provisionnel est nul comme partage définitif. Mais s'il est vrai que ce partage est en

(1) Toullier, IV, n° 585 ; Duranton, VII, n° 177 ; Demolombe, XV, n° 693 ; Laurent, X, n° 282 ; Aubry et Rau, VI, § 623, p. 543.

(2) Demante, III, n° 170 *bis* ; Baudry-Lacantinerie et Wahl, II, n° 3023. — En ce sens : Req., 13 mai 1823 et 18 décembre 1837, D. *Succ.*, n° 2234 ; Cass., 4 mai 1858, S. 58.1.673.

quelque sorte nul comme partage définitif, on peut répondre cependant qu'il n'est, à ce titre, soumis à aucune action en nullité et que le droit du mineur de provoquer un partage définitif est tout à fait indépendant de la nullité du partage provisionnel. Les règles qui régissent les actions en nullité sont donc inapplicables, et par suite, la demande en partage définitif n'est pas soumise à la prescription de 10 ans de l'article 1304.

— Suivant le texte de l'article 1304, le délai de 10 ans ne court à l'égard des mineurs émancipés ou non, que du jour de la majorité ; il importe peu qu'avant cette époque ils aient eu connaissance de la cause de nullité ou même de l'acte annulable fait par leur tuteur. Cependant, s'ils avaient été victimes d'un dol, d'une fraude ou d'une violence, le point de départ ne serait plus le même, mais, conformément au droit commun, le jour où le dol et la fraude ont été découverts, ou bien le jour où la violence a cessé.

L'expiration du délai emporte confirmation tacite de la convention annulable ou rescindable ; remarquons à ce sujet, que ce délai est susceptible d'être prolongé par les suspensions ou les interruptions qui menacent toutes les prescriptions ; on a cependant soutenu qu'il s'agissait ici d'un délai préfixe et non d'une véritable prescription, mais depuis longtemps cette opinion est abandonnée.

Tant que le délai court, le mineur peut agir en nullité

ou en rescision, ou repousser par voie d'exception la demande d'exécution qui lui est adressée. Mais il peut arriver que le mineur n'ait pas exécuté la convention et que l'exécution lui soit demandée après l'expiration du délai de 10 ans ; on s'est alors demandé si le mineur pouvait opposer par voie d'exception le moyen de nullité ou de rescision qu'il n'avait plus le droit d'exercer par voie d'action, si en un mot, le Code avait admis la maxime : *Quæ temporalia sunt ad agendum perpetua sunt ad excipiendum?*

II. — *Le délai de 10 ans s'applique-t-il à l'exception comme à l'action.* — Dans une première opinion (1), on décide que, lorsqu'on ne peut plus faire valoir un droit par voie d'action, on ne peut le faire valoir sous forme d'exception, car ce droit n'existe plus. Appliquée au mineur, cette décision n'a rien d'injuste ; devenu majeur, le mineur peut en effet profiter du délai de 10 ans qui lui est accordé, pour intenter son action en nullité ou en rescision ; s'il ne le fait pas, son silence doit être interprété comme une confirmation tacite de la convention annulable ou rescindable.

La maxime : *Quæ temporalia sunt...* par son origine toute romaine, répondait du reste à une nécessité qui ne se retrouve plus dans notre droit. A Rome, la partie

(1) Mourlon, II, nos 1493 et 1494 ; Laurent, XIX, n° 53 et s. ; Colmet de Santerre, t. V, n° 265 *bis*, VI et VII ; Baudry-Lacantinerie, II, n° 1169.

trompée ne pouvait intenter l'action de dol, si elle n'avait pas exécuté la convention dolosive ; cependant, comme cette action ne durait qu'un an et que l'exécution de la convention pouvait être valablement demandée après ce délai, on permettait à la partie trompée de repousser cette demande par voie d'exception, et, pour lui assurer une protection complète, on avait admis que l'exception de dol était perpétuelle. Mais dans notre droit ces principes sont changés ; la personne qui a consenti une obligation annulable peut immédiatement faire valoir la cause de nullité, indépendamment de toute exécution ; dès lors, il n'est plus nécessaire de la protéger par un moyen de défense perpétuel, puisqu'elle peut prendre l'initiative et poursuivre la nullité ou la rescision sans attendre la demande d'exécution formulée par son cocontractant.

L'ancien droit avait déjà abandonné sur ce point la doctrine romaine ; l'ordonnance de 1539 avait décidé en effet que les mineurs ne pouvaient, après l'âge de 35 ans, parfaits et accomplis, demander la cassation des actes faits en minorité, en demandant ou en défendant. C'est cette tradition française que les rédacteurs du Code ont continuée ; s'ils avaient voulu admettre la perpétuité de l'exception, ils l'auraient mentionné expressément dans l'article 1304. Du reste, Jaubert (1) dans son Rapport au Tribunal, après avoir exposé que,

______

(1) Fenet, XIII, p. 370, 371.

dans les actes entachés de nullité absolue, il était possible d'opposer à toute époque qu'il n'y avait pas d'obligation, faisait une restriction quand les actes étaient seulement annulables ; « mais lorsqu'il s'agit, dit-il, d'un mineur, d'une femme mariée, ne serait-il pas bien extraordinaire que le temps de la restitution ne fût pas limité..... La nécessité d'un délai était commandée par l'intérêt public : c'est pour que les propriétés ne restent pas longtemps incertaines. Pareillement le secours que la loi accorde à ceux dont le consentement n'a pas été libre, doit être invoqué dans un délai fixé... Un laps de temps sans réclamation doit faire présumer la ratification. »

Ainsi, il est de toute nécessité, suivant Jaubert, que la protection de la minorité ne dépasse pas le délai fixé ; ce serait donc méconnaître son autorité que de permettre au mineur d'invoquer son incapacité après l'expiration du délai de 10 ans. Il est vrai qu'il ne restreint pas expressément la durée de l'exception au délai fixé par l'article 1304, mais les termes de son rapport sont assez généraux pour comprendre, « dans le secours » que la loi accorde aux mineurs, à la fois l'action et l'exception.

Cette solution peut cependant présenter de graves inconvénients lorsque l'incapable ignore l'existence de l'acte annulable passé par le tuteur ; devenu majeur, le mineur est exposé alors à laisser involontairement s'écouler le délai de 10 ans, et il peut ainsi se trouver lié définitivement sans avoir pu se défendre. Cet inconvénient existe, en effet, mais il convient de remarquer qu'il ne se fait pas sentir à l'égard des mineurs seulement et qu'il se produit aussi dans toutes les prescriptions qui courent contre ceux qui ignorent l'existence de leurs droits.

Il faut excepter toutefois les personnes placées dans un établissement d'aliénés ; dans ce cas, l'article 39 de la loi du 30 juin 1838 ne fait courir le délai de la prescription qu'à partir seulement du jour où ces personnes ont eu connaissance de l'acte qu'elles ont passé pendant qu'elles étaient dans l'établissement d'aliénés. Mais cet article 39, par son caractère exceptionnel, montre bien que l'inconvénient signalé plus haut résulte des dispositions du Code civil relatives au mineur, et que le délai de 10 ans doit s'appliquer sans distinction à l'action comme à l'exception ; s'il y avait lieu de modifier sur ce point l'article 1304, le législateur, comme dans la loi de 1838 et non l'interprète, en aurait seul le droit.

— Cependant la jurisprudence et une grande partie de la doctrine (1) appliquent la maxime : *Quæ temporalia sunt ad agendum, perpetua sunt ad excipiendum.*

Dans cette opinion, on invoque aussi l'autorité de l'ancien droit ; l'ordonnance de 1539 n'a, dit-on, jamais été suivie ; la plupart des auteurs refusaient d'appliquer l'article 134, et c'est ainsi que Dumoulin s'écriait,

______

(1) Merlin, *Rép.*, *Prescription*, sect. II, § 5; Delvincourt, II, p. 595 ; Toullier, VII, n° 602 ; Troplong, *Prescr.*, II. n° 327 et s.; Larombière sur 1304, n° 34; Demolombe, VI, n° 137; Aubry et Rau, IV, § 339, p. 278.

au sujet de cet article : *In hoc iniqua est constitutio.*
D'un autre côté, Bretonnier (1) nous donne une preuve
que la maxime : *Quæ temporalia sunt…* triomphait dans
la jurisprudence ; « c'est, disait-il, une règle triviale au
Palais que, tant que dure l'action, dure l'exception ».

Le texte de l'article 1304 ne contredit pas cette solution ; il limite seulement la durée de l'action, mais il
garde le silence sur la durée de l'exception, ce qui permet de supposer que l'exception est perpétuelle.

Les paroles du Rapporteur devant le Tribunat ne
la contredisent pas d'avantage ; Jaubert ne se préoc-
cupe pas en effet de la durée de l'exception, il établit
seulement un parallèle entre les actes nuls et les actes
annulables.

Une différence entre la durée de l'action et de l'exception serait d'ailleurs très juste ; il est nécessaire que
le mineur soit protégé tant que son cocontractant peut
faire valoir son droit par voie d'action et qu'il puisse à
son tour repousser celui-ci par voie d'exception. Du
reste, il ne serait pas exact de dire, dans tous les cas, que
l'expiration du délai de 10 ans entraîne confirmation
tacite ; si cette présomption est admissible lorsque le mineur, après avoir exécuté la convention, ne fait aucune
réclamation tant que le délai n'est pas écoulé, il n'en est
plus ainsi lorsque la convention n'a pas été exécutée et
que les deux parties sont restées dans la même situation
que si elles n'avaient jamais contracté. Dans cette hypo-

(1) Sur Henrys, II, l. IV, quest. 61.

thèse, il est difficile de présumer la confirmation de la convention annulable ; on doit au contraire présumer l'intention chez le mineur de conserver et de faire valoir, si l'occasion s'en présente, son droit d'opposer son incapacité. Devant l'inaction de son adversaire, le mineur peut supposer en effet que l'exécution de la convention ne sera pas poursuivie et qu'il est inutile par suite de s'exposer aux embarras et aux frais d'un procès dont l'issue est toujours douteuse. En présence de cette situation, il est donc préférable de ne pas mettre en quelque sorte l'incapable en demeure de prendre l'initiative, et de lui permettre, au contraire, au moyen de la perpétuité de l'exception, de rester sur la défensive, et d'assurer ainsi d'une façon certaine la protection dont la loi le fait bénéficier.

Quant à l'article 39 de la loi du 30 juin 1838, dit-on, il vise, comme l'article 1304, l'action mais non l'exception. Il faut remarquer de plus que la situation n'est pas la même : la disposition de l'article 39 se justifie par la nature spéciale de l'incapacité des personnes placées dans un établissement d'aliénés ; les mineurs ont, au contraire, malgré la faiblesse de l'âge et leur inexpérience, assez de raison pour s'intéresser aux affaires que le tuteur fait en leur nom, et assez de discernement pour pouvoir contracter en personne et se rappeler, une fois devenus majeurs, les actes qu'ils ont passés ou qui ont été passés en leur nom pendant leur minorité. L'article 39 de la loi de 1838 ne fait donc pas ressortir, d'une manière certaine, l'inconvénient qui peut résulter de l'application de l'article 1304 dans les cas où le mineur, devenu majeur, ignore l'existence de l'acte annulable qui a été conclu pendant sa minorité.

En admettant la perpétuité de l'exception, on évite, dit-on enfin, les inconvénients que le législateur a voulu prévenir dans l'article 39 de la loi du 30 juin 1838, en faveur des personnes placées dans un établissement d'aliénés.

La jurisprudence applique d'une façon constante la maxime : *Quæ temporalia sunt ad agendum perpetua sunt ad excipiendum*, mais sous la réserve cependant que celui qui l'invoque n'ait pas encore exécuté l'acte, ni abdiqué la possession de la chose que son cocontractant pouvait réclamer en vertu de la convention.

Lorsque l'exécution a eu lieu sans qu'il en soit résulté confirmation tacite, la jurisprudence revient à l'application de la prescription décennale. Le mineur ne peut, en effet, après l'expiration du délai de 10 ans, introduire directement une action quelconque , par exemple une action en revendication, afin de répliquer sur la fin de non-recevoir opposée par son adversaire, par une exception de nullité ou de rescision, en vertu de la règle : *Quæ temporalia sunt ad agendum...* La convention étant annulable, il doit, avant d'introduire l'action en revendication, poursuivre la rescision préalable. Or, l'expiration du délai de 10 ans a rendu non recevable l'action en nullité ou en rescision et par suite toute autre action par laquelle le mineur, devenu majeur, serait sous une autre forme demandeur en nullité ou en rescision. Il ne sera donc pas autorisé à répliquer, sur la fin de non-recevoir opposée par son adversaire, par une exception de nullité ou de rescision, puisque l'action principale est irrecevable (1).

A notre avis, le système de la jurisprudence contredit l'article 1304 ; il nous semble préférable d'appliquer la prescription de 10 ans aussi bien à l'action qu'à l'exception et de limiter, ainsi que l'exprimait Jaubert, la durée de l'incertitude des situations au délai fixé par la loi.

Le mineur pourra donc, pendant un délai de 10 ans, opposer son incapacité par voie d'action ou par voie d'exception, mais on s'est demandé, à un autre point de vue, s'il n'était pas possible de remédier à l'incertitude qui doit, malgré tout, se prolonger pendant un certain temps, et de permettre à la personne qui a contracté avec le mineur, de le mettre en demeure de se prononcer sur la validité de la convention annulable avant l'expiration du délai de 10 ans.

(1) En ce sens, Caen, 17 novembre 1855, S. 57.2.757 ; Lyon, 20 août 1869, S. 70.2.124 ; Bordeaux, 27 juillet 1871, S. 72.2.221.

III. — *Les tiers ont-ils le droit, avant l'expiration du délai de 10 ans, d'interpeller le mineur devenu majeur sur la validité de la convention annulable ou recevable ?* — Cette question a déjà été soulevée au sujet du partage provisionnel, mais c'était un cas particulier pour lequel l'article 815 semblait avoir posé des règles spéciales. Nous avons maintenant à examiner si, d'une façon générale, la personne capable qui a contracté avec un mineur peut interpeller celui-ci sur le maintien ou l'invalidité de la convention annulable ou rescindable pour cause de minorité.

D'après M. Demolombe (1), l'affirmative est certaine lorsque la convention n'a pas été exécutée ; la demande d'exécution constitue alors, en quelque sorte, une mise en demeure, et, si le mineur exécute la convention en connaissance de cause, il y a ratification tacite de sa part, ce qui entraîne sa renonciation implicite au droit de faire valoir la cause de nullité ou de rescision qui existait à son profit.

Si au contraire, la convention a été exécutée, mais que l'exécution n'ait pas été faite dans des conditions telles qu'elle ait entraîné confirmation tacite, il y a lieu de se demander alors si la partie capable pourra mettre le mineur, devenu majeur, en demeure de se prononcer sur la validité de la convention.

En principe, ce droit ne doit pas exister ; la nullité

____

(1) *Oblig.*, VI, p. 142.

est, en effet, toute relative puisque, suivant l'article 1125, la partie capable ne peut l'opposer. Provisoirement, la convention produit les mêmes effets que si elle était assurée d'être définitive ; le contractant du mineur doit accepter cette situation et, comme il ne peut pas demander la nullité, il ne doit pas pouvoir également exiger que le mineur, devenu majeur, ratifie l'acte. Ce serait une ratification qui ne serait pas volontaire et qui n'aurait aucun effet.

Cependant, M. Demolombe fait des réserves et propose d'invoquer l'article 1135 suivant lequel la bonne foi et l'équité doivent toujours présider à l'interprétation des conventions ; il serait juste, à son avis, de permettre à la partie capable d'interpeller le mineur, afin de faire disparaître une incertitude qui lui est préjudiciable et que l'ex-mineur pourrait souvent dissiper sans courir aucun risque.

Il invoque encore une raison d'ordre public ; « il importe, dit-il (1), au bien général du pays que les propriétés soient susceptibles d'améliorations et de mutations ; et rien de tout cela ne se peut avec les droits incertains et toujours menacés », puis il conclut ainsi : « Il est certain que le tiers ne peut pas demander l'annulation. Il devra donc conclure à ce que, faute par son adversaire d'opter entre le maintien et la nullité du contrat, dans le délai d'un mois par exemple ou tel

(1) *Mariage*, II, p. 418.

autre qu'il pourrait raisonnablement demander, les juges déclarent qu'à l'avenir, comme on disait autrefois, un perpétuel silence lui sera imposé. »

M. Demolombe avoue que son opinion est très « hardie » ; il avait cependant cherché à l'appuyer sur les textes romains (1). mais il n'est pas certain que, même dans le droit romain, ce droit fût accordé aux tiers dans tous les cas, et, dans notre droit actuel, non seulement l'appui des textes fait complètement défaut, mais on s'expose encore à se mettre en contradiction avec l'article 1304 qui donne au mineur un délai de 10 ans pour se prononcer sur la validité de la convention, ou avec l'article 1125 qui ne permet sous aucune forme à la partie capable d'invoquer l'incapacité de la personne avec laquelle elle a contracté.

Les actions interrogatoires n'existent pas dans nos lois ; suivant la définition de M. Garsonnet (2), ce sont les actions « par lesquelles on prétendrait mettre une personne en demeure de déclarer si elle entend user d'une faculté qui lui appartient, ou comment elle interprète une convention, à peine, si elle refuse de se prononcer, d'être déchue de cette faculté ou du droit d'interpréter cette convention dans le sens le plus conforme à ses intérêts ». Dans cette définition, rentre notamment la sommation adressée à l'ex-mineur de se pro-

---

(1) L. 28, D. XLVI, I.
(2) *Procéd. civ.*, I, § 118, n° 23.

noncer sur la validité de l'acte qu'il a passé en minorité.

En principe, bien que la jurisprudence (1) semble en avoir reconnu parfois l'existence, les actions interrogatoires sont interdites. On pourrait seulement admettre, en cas d'urgence absolue, que le défendeur éventuel puisse faire prononcer contradictoirement sur la valeur des moyens que le demandeur pourra plus tard faire valoir contre lui.

— Les législations modernes ont innové sur ce point ; le nouveau Code civil pour l'Empire d'Allemagne, exécutoire à partir de 1900, a particulièrement cherché à protéger les intérêts des personnes qui ont contracté avec les mineurs. L'article 108, alinéa 2, leur donne en effet le droit de mettre le tuteur en demeure de se prononcer, dans un délai de deux semaines, sur la validité des conventions que le mineur a consenties irrégulièrement, et les libère de leurs engagements si le tuteur laisse passer ce délai sans se prononcer ; la confirmation est, dans ce cas, tenue pour refusée.

L'avant-projet n'allait pas plus loin, mais le projet définitif, tel qu'il a été accepté, permet encore aux tiers de se délier du contrat, tant que le tuteur ne l'a pas ratifié, à moins cependant qu'ils n'aient connu avant de contracter la minorité ou le défaut d'autorisation (art. 109).

(1) Caen, 4 avril 1851, D. 51.2.293 ; 1er avril 1862, S. 62.2.155.

Cette dernière décision est équitable, car elle s'applique seulement aux tiers de bonne foi, mais il est difficile de la concilier avec la notion traditionnelle de la nullité relative. Le mineur n'est pas frappé d'une incapacité absolue de contracter ; sa raison peut être assez développée pour lui permettre d'apprécier l'étendue de ses engagements et de traiter à des conditions avantageuses ; en vertu de cette présomption, on avait toujours considéré que ses actes étaient entachés simplement d'une nullité relative et que la nature de cette nullité permettait à l'incapable seul, ou à son représentant, de les maintenir ou de les faire rescinder, suivant qu'ils lui étaient avantageux ou préjudiciables. Le droit de révocation accordé aux tiers par l'article 109, fait disparaître ce privilège de la minorité. Le mineur sera donc moins protégé dans la nouvelle législation allemande ; il est vrai que le tuteur pourra empêcher les tiers d'user de leur droit de révocation en donnant son approbation au contrat, mais il se peut aussi que le tuteur n'ait pas eu connaissance du contrat, ou que la rétractation des tiers intervienne avant son approbation, et dans ces hypothèses, le maintien de l'acte qui pouvait être avantageux pour l'incapable deviendra impossible.

L'interpellation que les tiers ont le droit d'adresser au tuteur suffisait pour sauvegarder à la fois les intérêts des mineurs et ceux des tiers ; d'un côté, l'existence de ce droit au profit des tiers n'empêche pas le mineur de maintenir, dans tous les cas, la convention qui lui est profitable ; de l'autre, on permet ainsi aux tiers d'être fixés dans un délai très restreint sur la validité de la convention et d'éviter le préjudice qui résulterait pour eux de l'incertitude de leurs droits.

Le Code de procédure civile allemand établit à cet effet une « procédure de sommation » spéciale.

— Le Code fédéral suisse des obligations (1883) accorde également aux tiers le droit de mettre en demeure l'incapable devenu capable, ou son représentant, de se prononcer sur la validité de l'acte annulable consenti par le mineur, et les libère de leurs engagements lorsque l'acte n'a pas été ratifié dans le délai qu'ils ont fixé ou fait fixer par le juge.

L'avant-projet du nouveau Code civil fédéral suisse, récemment publié, reproduit la même doctrine, mais sans y ajouter, comme en Allemagne, un droit de révocation en faveur des tiers.

— Les législations allemande et suisse, en réduisant le délai pendant lequel la validité de l'acte consenti par le mineur reste incertaine, viennent d'accentuer la tendance qui avait déjà conduit plusieurs législations à fixer une prescription plus courte que la prescription de 10 ans de notre article 1304 ; c'est ainsi qu'en Espagne le délai a été réduit à 4 ans ; en Italie et dans les Pays-Bas à 5 ans. S'il fallait apprécier cette tendance, nous pourrions dire qu'il y a une raison d'ordre public à ce que les droits ne soient incertains et menacés que dans le délai strictement nécessaire à la protection du mineur et que ce délai peut être réduit dans les mêmes proportions qu'en Allemagne ou qu'en Suisse sans que les intérêts du mineur soient exposés à être lésés (1).

(1) Tels sont les points les plus intéressants des législations modernes. Sauf en Allemagne et en Suisse, presque toutes les dispositions de notre Code civil ont été reproduites par les Codes étrangers et notamment en Belgique, en Espagne et en Italie, où la sanction de l'incapacité du mineur est assurée dans des conditions analogues par une action en nullité et par une action en rescision. Le droit commun germanique avait aussi pendant longtemps accordé au mineur le bénéfice de la restitution au cas de lésion, mais la loi prussienne du 12 juillet 1875 (art. 9) ne l'a plus admise et le nouveau Code civil pour l'Empire d'Allemagne, par son silence, en refuse implicitement l'exercice au mineur. Il en est également ainsi dans le Code autrichien (art. 1450) et dans le Code civil hollandais dont l'article 1482 dispose que toutes les obligations contractées par les mineurs, de même que par les interdits, sont nulles de plein droit.

Le principe de la nullité relative est admis dans toutes les législations, sauf les réserves qui résultent du droit de sommation accordé aux tiers (Suisse et Allemagne) ou du droit de révocation (Allemagne).

Enfin, les effets de la nullité ou de la rescision, en ce qui concerne les restitutions que doivent se faire les contractants, sont en général, comme dans notre article 1312, limités à la *versio in rem* du mineur.

CHAPITRE III

Conformément aux principes généraux, c'est au mineur d'établir l'existence de la cause de nullité ou de
rescision qu'il invoque.

Si donc il agit par voie de nullité, il devra prouver
que l'acte nul a été passé en temps de minorité et que
les conditions de forme prescrites par la loi n'ont pas
été observées.

Si, au contraire, il agit par voie de rescision, il devra
prouver que l'acte rescindable a été passé en temps de
minorité et qu'il lui a causé un préjudice.

On a cependant prétendu que les dispositions des articles 1241 et 1312 faisaient exception à ces principes
puisque, dans ces hypothèses, c'était au cocontractant
de prouver le profit du mineur.

En réalité, il n'en est rien ; les dispositions de ces
articles régissent des cas particuliers qui ne se rattachent pas à la rescision pour cause de lésion. L'article 1241 est relatif à la validité du paiement et suppose
une obligation valable préexistante qui a donné lieu à

un paiement irrégulier fait entre les mains d'un créancier incapable. Un mineur a, par exemple, reçu le paiement d'une somme qui lui était advenue à titre de succession ; ce paiement n'est pas valable car le mineur est incapable de le recevoir, aussi l'article 1241 lui permet d'en demander un nouveau, sans l'obliger toutefois à fournir, — et c'est là l'exception, — la preuve d'un préjudice quelconque.

Telle est l'hypothèse prévue dans l'article 1241 ; dès lors, le droit du débiteur d'échapper à un nouveau paiement, en prouvant que le premier a été profitable au mineur, doit être considéré non pas comme impliquant un renversement de la preuve mais comme une application de la règle que nul ne peut s'enrichir injustement aux dépens d'autrui et de la règle *reus in excipiendo fit actor*, car le débiteur affirme à son tour et, par suite, il est tenu de prouver ce qu'il avance.

De son côté, l'article 1312 a été inspiré par la nécessité de protéger le mineur dans des circonstances déterminées, lorsque la nullité ou la rescision a été prononcée et qu'il s'agit de régler les restitutions respectives qui sont à la charge de chacun des contractants. Pour sauvegarder les intérêts du mineur et le soustraire à l'obligation de rembourser ce qui lui a été payé pendant la minorité et dont il n'a peut-être pas profité, l'article 1312 met à la charge de l'autre partie l'obligation de prouver que ce qu'elle a payé au mineur a tourné à son profit ; si elle fait cette preuve, le mineur sera tenu dans la mesure du profit qu'il a retiré de la convention.

Ainsi, dans ces deux hypothèses, il n'est pas question d'une action en rescision intentée par l'incapable ; dans l'article 1241, le mineur demande un nouveau paiement valable et dans l'article 1312 il s'agit de régler les effets d'une nullité ou d'une rescision qui est déjà prononcée ; il n'y a donc pas d'exception (1) au principe d'après lequel le mineur, demandeur en rescision, doit faire la preuve de la lésion.

Eléments constitutifs de la lésion. — Il importe maintenant d'étudier les conditions que doit réunir la lésion pour qu'elle soit admise en justice.

Ces conditions ne sont pas les mêmes suivant que la lésion est invoquée par les majeurs dans les cas exceptionnels où la loi le leur permet, ou par les mineurs sur le fondement de leur incapacité.

A l'égard des majeurs, on entend par lésion le préjudice qui résulte pour l'une des parties de la disproportion de valeur entre les prestations réciproques faites en exécution de la convention. La quotité en est expressément déterminée par la loi (art. 887 et 1674).

Cette définition ne serait plus exacte à l'égard des mineurs.

— α) En premier lieu, l'article 1305 dispose que la

(1) En ce sens : Bastia, 26 mai 1834, S. 35.2.27 ; Nancy, 12 janvier 1875, S. 75.2.52 ; Lyon, 17 août 1880, D. 81.2.16 ; 16 janvier 1889, *Monit. jud. de Lyon* du 14 février 1889.

« simple lésion » est pour les mineurs une cause suffisante de restitution (1).

Il ne faudrait cependant pas en conclure que le moindre préjudice suffise pour que le mineur soit restitué.
Déjà à Rome, suivant la formule *de minimis non curat
praetor*, le préteur refusait de prononcer la rescision
lorsque la lésion était de peu d'importance ; la même
réserve avait été formulée dans l'ancien droit et elle
devait l'être encore par Jaubert dans les termes suivants : « cependant, disait-il sur l'article 1305, ce mot :
lésion, emporte avec lui, l'idée d'un dommage un peu
remarquable ; c'est au juge à prononcer sur ce point. »

Il appartient donc aux tribunaux d'apprécier si, en
fait, le mineur a subi un préjudice assez considérable
pour justifier sa restitution. Un auteur (2) a proposé
d'en prendre la mesure dans l'article 1619 suivant lequel « le défaut de contenance de l'héritage vendu ne
donne lieu à augmentation ou à diminution de prix que
tout autant que la différence est de 1/20ᵉ en plus ou en
moins, eu égard à la valeur de la totalité des objets vendus ». Mais l'auteur lui-même, reconnaît que cette mesure ne saurait fournir qu'une base approximative d'appréciation et que, en définitive, il est préférable de
laisser aux juges le pouvoir d'apprécier librement suivant les faits (3).

(1) Locré, *Lég. civ.*, XII, p. 494, nᵒ 6.
(2) Larombière, sur 1305, nᵒ 16.
(3) En ce sens, Cass., 8 août 1856, S. 60.1.460 ; 24 avril 1861, S.
61.1.625.

— β) En second lieu, il peut y avoir lésion même lorsqu'il n'existe pas de disproportion de valeur entre les prestations dues par les deux contractants ; c'est ce que laisse sous-entendre la formule générale employée par l'article 1305.

Les jurisconsultes romains se prononçaient déjà dans ce sens ; Ulpien (1) notamment, considérait le mineur comme lésé, lorsqu'il résultait seulement du contrat rescindable une menace de procès ou de frais.

Le principe était le même dans notre ancien droit ; Argon (2) nous dit que « les mineurs sont facilement restitués, dès le moment qu'il y a de la perte, quoiqu'elle soit plutôt arrivée par accident que par leur imprudence ».

D'après le Code civil enfin, il n'est pas nécessaire que la lésion résulte de la convention attaquée par le mineur ; elle peut aussi résulter des circonstances extérieures de l'engagement, de ses conséquences indirectes ou éloignées, pourvu qu'elles se rattachent à sa nature ou à son objet. Tel serait, par exemple, le cas où le mineur aurait dissipé le prix de récoltes qu'il avait vendues à leur juste valeur ou même avantageusement ; ici, la lésion ne résulte pas de l'acte lui-même, mais de la dissipation du prix, et cependant elle peut donner lieu à une action en rescision, car c'est une conséquence indirecte de la vente.

(1) L. 6, D. *De min.*, XXV annis.
(2) *Institut. du Dr. franç.*, II, p. 484.

Il a été jugé que la lésion pouvait même résulter de cette circonstance que le mineur est dans l'impossibilité actuelle de payer le solde du prix de vente et qu'il se trouve ainsi sous le coup d'une poursuite en expropriation (1).

Mais le mineur n'est plus restituable lorsque la lésion est la conséquence d'un événement casuel et imprévu (art. 1306). Dans ce cas, il n'y a pas lésion par l'effet, mais seulement à l'occasion du contrat. Un événement casuel constitue un cas fortuit qui n'a aucun rapport avec l'incapacité du mineur ; c'est ce qui se produirait, par exemple, dans le cas où la maison acquise par le mineur serait détruite par un incendie ou par une inondation (2).

— Au sujet de l'article 1306, on s'est demandé si la lésion pouvait résulter d'un événement prévu, bien que casuel, comme dans les contrats aléatoires.

Sur ce point, il est difficile d'apprécier quand le mineur subit une lésion, car la chance de gain ou de perte est soumise à un événement incertain, qui ne dépend en aucune façon de la volonté des parties, et, dans ces conditions, il semble que la lésion soit la conséquence de l'événement incertain et non de l'incapacité du mineur. En présence de la généralité des termes de l'article 1305, il y a lieu cependant de rechercher si, en fait,

(1) Dijon, 12 avril 1880, S. 82.2.213.
(2) Bourges, 8 mai 1815, S. et P. chr.

un contrat aléatoire ne peut pas être la cause d'une lésion, indépendante de l'événement auquel ce contrat
est soumis.

La question se présente surtout pour la constitution
de rente viagère ; il peut arriver, en effet, que les conditions auxquelles ce contrat a été consenti, soient, dès
l'origine, considérées comme préjudiciables au mineur.
Lorsque, par exemple, le mineur donne des biens mobiliers en rente viagère à un taux qui ne dépasse pas le
taux légal, la lésion n'est pas douteuse, car la nature de
ce contrat comporte normalement un taux plus élevé ;
de même, lorsque le mineur achète un immeuble à
charge de rente viagère et que le taux soit trop élevé
en raison des risques encourus, la lésion existe dès
l'instant de l'opération, bien que les événements puissent détruire cette présomption.

On peut donc dire, en résumé, que le mineur est lésé
toutes les fois que les plus grandes chances de perte
sont de son côté (1) ; c'est, du reste, une question de fait
qui doit être laissée à l'appréciation des tribunaux.

— Nous venons de préciser les conditions dont le
mineur ou son représentant doit établir l'existence,
lorsque la demande en restitution est portée devant
les tribunaux ; nous devons maintenant examiner cer-

(1) En ce sens, Cass., 18 juin 1844, S. 44.1.497 ; 24 janvier 1855,
S. 55.1.56 ; 8 août 1859, S. 60.1.460 ; 28 avril 1861, S. 61.1.625 ; Lyon,
14 décembre 1889, *Monit. judic. de Lyon* du 27 février 1890.

tains cas exceptionnels dans lesquels, bien que la lésion réunisse les éléments qui la rendent habituellement recevable, le mineur ne sera pas admis à en faire la preuve et où la rescision lui sera refusée de plein droit.

— Cas exceptionnels où la rescision pour cause de lésion ne peut être demandée. — Ces cas sont spécialement déterminés par les articles 1308, 1309 et 1310.

α) *Art.* 1308. — « Le mineur commerçant, banquier ou artisan, n'est point restituable contre les engagements qu'il a pris à raison de son commerce ou de son art. »

Cette exception, en ce qui concerne le mineur commerçant, résultait déjà de l'article 487 aux termes duquel « le mineur émancipé qui fait un commerce, est réputé majeur pour les faits relatifs à ce commerce.

Pour que l'article 1308 puisse s'appliquer, il faut que le mineur ait été régulièrement autorisé à faire le commerce, car les actes de commerce faits par un mineur non émancipé seraient nuls indépendamment de toute lésion (1).

La situation du mineur banquier est la même ; il doit être également autorisé à faire le commerce.

Il est nécessaire que l'engagement du mineur soit relatif à son commerce ou à son art ; s'il en était autrement, la validité de l'acte serait soumise aux règles du droit commun.

(1) Trib. comm. de St-Gaudens, 2 décembre 1881, D. 82.3.112.

β) *Art.* 1309. — « Le mineur n'est point restituable contre les conventions portées en son contrat de mariage, lorsqu'elles ont été faites avec le consentement et l'assistance de ceux dont le consentement est requis pour la validité de son mariage. »

Il résulte des articles 1309 et 1398 que l'exception doit être limitée aux conventions matrimoniales proprement dites, c'est-à-dire à celles qui ont trait au mariage et aux droits respectifs des époux (1) ; elle ne s'appliquerait pas aux conventions qui sont étrangères à la formation ou au règlement de l'association conjugale (2).

γ) *Art.* 1310. — « Le mineur n'est point restituable contre les obligations résultant de son délit ou quasi-délit. »

Il est juste, en effet, de faire supporter au mineur, lorsqu'il agit avec un discernement suffisant, la réparation du dommage qu'il a causé. Son incapacité n'est plus en cause ; il a commis un fait dommageable, il doit le réparer et la source de son obligation se trouve dans l'article 1382.

L'article 1310 ne suppose pas seulement un fait dommageable commis en dehors de tout contrat, il s'applique aussi au cas où le mineur emploie des manœuvres dolosives ou des mesures de violence pour tromper les

---

(1) Riom, 11 juillet 1864, S. 64.2.61.
(2) Cass., 23 février 1869, S. 69.1.193 ; 11 décembre 1882, S. 83.1.411 ; 10 décembre 1867, S. 68.1.121.

tiers et les engager à contracter. Il a été jugé en ce sens que le mineur n'était pas restituable contre les obligations résultant de sa part de la gestion frauduleuse d'une succession pour laquelle un compte était dû aux héritiers à réserve (1) ;

— ou contre les engagements nés d'une société commerciale par lui contractée sans autorisation, alors qu'il s'agit d'une société fictive formée sans capitaux et à l'aide d'un titre emprunté, et dans le seul but de procurer au mineur les fonds nécessaires à ses prodigalités (2).

Il n'en serait plus ainsi, si l'acte du mineur ne révélait aucun espoir de bénéfice illicite, ni une intention frauduleuse ; ce point a été jugé (3) au sujet d'un mineur qui avait souscrit un billet à ordre énonçant une fausse cause.

— L'interprétation de l'article 1307, aux termes duquel « la simple déclaration de majorité, faite par le mineur, ne fait point obstacle à sa restitution », va encore nous fournir une nouvelle application de l'article 1310 et nous montrer que le législateur comprenait bien dans ce dernier article l'emploi de véritables manœuvres dolosives ou frauduleuses.

Bigot-Préameneu (4) exposait en ces termes le sens

(1) Cass., 5 juin 1877, S. 771.308.
(2) Rouen, 26 avril 1875, S. 75.2.168.
(3) Cass., 19 février 1856, S. 56.1.301.
(4) Locré, XII, p. 391.

et la portée de l'article 1307 : « On a voulu, dit-il, proscrire un moyen souvent employé pour mettre obstacle à la restitution des mineurs ; on leur opposait la déclaration de majorité qu'ils avaient faite dans l'acte. La loi présume que cette déclaration, dont la fausseté pouvait être facilement sacrifiée sur les registres des actes de l'état civil, a été demandée par le créancier pour exclure l'action en restitution, et elle ne veut pas qu'une pareille déclaration puisse être opposée. »

On peut ajouter que c'est parfois le mineur qui fait spontanément une déclaration de majorité pour assurer son crédit et amener les tiers à contracter avec lui.

L'article 1307 est général ; il s'applique à toutes sortes d'actes et à toutes déclarations, provoquées ou spontanées. La protection accordée au mineur serait vaine, en effet, s'il pouvait s'y soustraire par une simple déclaration de majorité, d'autant plus que la clause serait sans doute devenue de style dans les actes.

Mais, si le législateur a pris ainsi une dernière mesure de protection en faveur des mineurs, il n'a cependant pas voulu leur permettre d'employer des manœuvres dolosives sans mettre en cause leur responsabilité personnelle. Il se peut, en effet, que la déclaration de majorité ait été accompagnée de manœuvres dolosives tendant à la rendre vraisemblable, et que le mineur ait, par exemple, exhibé un faux acte de naissance. L'article 1310, et non l'article 1307, sera alors applicable, car le mineur, en agissant ainsi, a commis un délit.

Cette interprétation est d'ailleurs celle que Jaubert donnait dans son rapport au Tribunat (1) : « Mais, dit-il, si le mineur ne s'était pas borné à une simple déclaration de majorité, s'il avait employé des manœuvres pour persuader à l'autre partie qu'il était majeur, s'il avait produit un faux acte de naissance, pourrait-il malgré cela se prévaloir de sa minorité ? Les Romains refusaient dans ce cas la restitution. Notre projet se bornant à dire que la simple déclaration de majorité ne fait point obstacle à sa restitution, décide, par cela seul, qu'il y a obstacle à la restitution lorsqu'il y a plus que la simple déclaration de majorité et laisse aux juges le soin d'appliquer le principe suivant les circonstances. »

Il appartiendra donc aux juges d'apprécier, en fait, si le mineur est restituable ; ils pourront d'ailleurs se reporter à l'article 1116 et considérer comme dolosives les manœuvres sans lesquelles l'autre partie n'aurait point contracté.

Le mineur serait cependant restituable contre les actes par lesquels il aurait reconnu ses délits ou quasi-délits, ou en aurait promis la réparation ; mais, si ces actes étaient rescindés, il resterait quand même obligé à raison des faits dommageables qu'il a reconnus.

— δ) Enfin le mineur n'est pas restituable contre les obligations qui résultent de la loi ; c'est ainsi que le mineur, tuteur de ses enfants (art. 442 et 1370), n'est

(1) Locré, XII, p. 495.

pas restituable contre les engagements qu'il a contractés en cette qualité.

Il n'est pas restituable également contre les engagements qui procèdent du fait d'autrui ; au cas de gestion d'affaires, par exemple, le mineur dont les affaires ont été gérées, est obligé sans pouvoir être restitué (art. 1375). Cette décision est d'ailleurs conforme aux intérêts du mineur, car la gestion d'affaires implique que « l'affaire » a été bien administrée ; de plus, l'obligation dont il est tenu, ne pourrait être rescindée pour cause d'incapacité, puisque le contrat s'est formé sans qu'il soit intervenu et sans qu'il ait eu à donner son consentement ;

— ou contre ceux enfin, qui résultent des avantages qu'il a retirés de l'affaire à l'occasion de laquelle il s'est obligé ; il en est notamment ainsi dans les hypothèses prévues par les articles 1241 et 1312, ou dans le cas de gestion d'affaires, car le gérant pourrait, à défaut de l'action de gestion d'affaires, exercer une action *de in rem verso*, dans la limite des avantages que le mineur a retirés de la gestion.

CHAPITRE IV

EFFETS DE LA NULLITÉ ET DE LA RESCISION.

En principe, l'annulation ou la rescision d'une convention entraîne l'obligation pour les parties de se restituer tout ce qu'elles ont reçu l'une de l'autre en exécution du contrat. Nous allons examiner dans quelles conditions se produisent ces effets, entre les parties puis à l'égard des tiers.

— α) *Entre les parties*. — Si le contrat n'a reçu aucune exécution, l'effet de l'annulation est négatif; les parties restent dans la même situation que si elles n'avaient jamais contracté.

Si, au contraire, le contrat a été exécuté, les parties doivent se restituer tout ce qu'elles ont reçu l'une de l'autre en exécution du contrat.

L'application de ces principes a donné lieu à des difficultés pour la restitution des fruits et des intérêts dans les contrats translatifs de propriété et notamment au cas de vente.

D'après MM. Aubry et Rau, l'annulation d'un acte translatif de propriété enlève rétroactivement à celui auquel la chose a été livrée en vertu de cet acte, tout droit non seulement à la propriété, mais aussi à la jouissance de cette chose et le réduit à la simple condition du possesseur de la chose d'autrui. Il en résulte que, au point de vue de l'acquisition des fruits, les articles 549 et 550 lui sont applicables ; s'il est de bonne foi, il est tenu à la restitution des fruits à partir de la demande ; s'il est de mauvaise foi, il doit rendre non seulement tous les fruits qu'il a perçus, mais aussi tous ceux qu'il a négligé de percevoir.

Cependant, si, à raison de sa mauvaise foi, il était condamné à la restitution des fruits perçus antérieurement à la demande, il pourrait réclamer dans la même proportion les intérêts du prix qu'il a payé, sous la réserve toutefois du droit pour l'incapable de n'être tenu que jusqu'à concurrence de ce dont il a profité, — et opposer, de ce chef, par argument de l'article 1682 alinéas 2 et 3, la compensation des jouissances jusqu'à l'époque de la demande. Les fruits et les intérêts ne seraient plus alors dus qu'à partir de cette époque.

A notre avis, cette solution ne repose sur aucun fondement certain ; les articles 559 et 550 règlent en effet la situation du tiers possesseur vis-à-vis du propriétaire revendiquant sa chose, et non la situation d'une personne contre laquelle une action en nullité est dirigée. Le défendeur à l'action en nullité n'est pas un « tiers possesseur », mais l'un des contractants ; il ne doit donc pas être traité comme le tiers possesseur.

L'application de l'article 1682, alinéas 2 et 3, à notre matière n'est pas plus soutenable ; c'est une disposition exceptionnelle applicable seulement au cas de rescision de la vente pour une lésion de plus des 7/12mes. Aussi, le principe reste que la compensation n'est pas possible entre deux prestations qui ne sont pas de même espèce, d'autant plus que les restitutions ne seraient pas égales, car les fruits ont généralement une valeur moindre que les intérêts des prix ; le vendeur gagnerait, mais l'acheteur serait en perte.

En résumé, les restitutions de choses et de prix, de fruits et d'intérêts, doivent se faire suivant les règles relatives aux résolutions ordinaires ; si, par exemple, il s'agit d'une vente, l'acheteur est tenu de rendre la chose et les fruits qu'elle a produits depuis l'époque de la délivrance, et de son côté le vendeur doit le prix et les intérêts du jour du paiement (1).

— Tels sont les effets ordinaires de la déclaration de nullité ou de rescision ; une réserve importante a toutefois été introduite dans l'intérêt des mineurs, dans l'article 1312 ainsi conçu : « Lorsque les mineurs... sont admis en cette qualité, à se faire restituer contre leurs engagements, le remboursement de ce qui aurait été, en conséquence de ces engagements, payé pendant la minorité... ne peut être exigé à moins qu'il ne soit prouvé que ce qui a été payé a tourné à leur profit. »

L'article 1241 contenait déjà une disposition analogue au cas de paiement ; mais, pour atteindre pleine-

(1) En ce sens Laurent, 19, n° 63 ; Larombière, sur 1312, n° 3.

ment son but et protéger efficacement les mineurs, le législateur devait, pour les mêmes motifs, les dispenser de rembourser ce qu'ils avaient reçu en exécution d'un contrat et qu'ils avaient peut-être dissipé sans chercher à en tirer profit. Sans cette précaution, les mineurs auraient pu être lésés du fait même de l'annulation ou de la rescision, car ils auraient dû exécuter les restitutions dont ils sont tenus, non pas avec ce qu'ils ont reçu, puis dissipé, mais avec leurs propres deniers. C'est pourquoi les mineurs sont obligés en vertu seulement de la règle d'équité qui défend à toute personne de s'enrichir aux dépens d'autrui, et dans la mesure du profit qu'ils ont retiré (1), ce que leur adversaire devra prouver (2).

L'article 1312 n'est applicable que si l'action du mineur a pour fondement son incapacité, mais peu importe, bien que le législateur ait employé l expression « restituer », que le mineur agisse par voie de nullité ou de rescision ; ce terme est assez général pour comprendre les deux hypothèses.

Il résulte du texte même que, si le paiement a été fait après la cessation de l'incapacité, le mineur devenu majeur, sera tenu de restituer tout ce qu'il a reçu, — qu'il en ait profité ou non. Du reste l'acceptation du paiement, fait en majorité, peut être considérée comme une ratification tacite de la convention annulable et cette ratifi-

(1) Cass., 23 févr. 1891, D. 92.2.29.
(2) Cass., 1ᵉʳ juin 1870, S. 70.1.387.

cation rend impossible l'application de l'article 1312.

C'est au mineur de prouver que le contrat est nul, mais la preuve du profit qu'il a retiré est à la charge de son adversaire. A ce sujet, la doctrine a cherché à déterminer si le profit devait exister au moment de la demande en nullité ou en rescision, ou s'il ne suffisait pas, au contraire, que le profit ait existé antérieurement à la demande, alors même qu'il aurait disparu à ce moment à la suite d'un cas fortuit.

En l'absence de règles précises, il semble qu'il y ait lieu de faire résulter la solution de l'article 1312, et de dire qu'il suffit de prouver que ce qui a été payé au mineur a tourné à son profit d'une manière générale, sans exiger que ce profit subsiste au moment de la demande. En réalité, c'est plutôt une question de fait, et il convient d'en laisser l'appréciation aux tribunaux.

— L'application de l'article 1312 peut parfois présenter des résultats contradictoires dans les termes ; ainsi, la Cour de cassation , dans un arrêt du 23 février 1891 (1), a pu maintenir une décision judiciaire qui annulait un emprunt contracté au nom d'un mineur sans l'observation des formes prescrites, et qui condamnait ce même mineur à restituer la somme empruntée, parce qu'elle avait tourné à son profit.

On en a conclu que (2), dans une semblable hypo-

(1) D. 92.1.29.
(2) Larombière, sur 1312, n° 13.

thèse, le mineur n'avait pas intérêt à agir en nullité ou en rescision puisqu'il se trouvait dans une situation telle qu'il devait rembourser tout ce qu'il avait touché, et on a proposé d'écarter son action par une fin le non-recevoir tirée de son défaut d'intérêt, attendu que « sauf la différence de causes, ses obligations restent les mêmes (1) ».

On a fait remarquer, cependant, qu'il ne pouvait en être ainsi que dans les cas où l'objet de la seconde obligation était identiquement le même. Mais si, au contraire, un mineur empruntait à intérêts une certaine somme et que cette somme ne lui ait profité que plus tard, mais que cependant il ait payé régulièrement les intérêts à dater du jour où les deniers lui ont été versés, il est certain que, dans ce cas, il aurait intérêt à demander la nullité du prêt, car s'il était forcé d'en rembourser le montant, il pourrait cependant se faire restituer les intérêts qu'il a payés en pure perte.

Larombière citait à l'appui de sa proposition un arrêt de la Cour de cassation du 24 janvier 1885, mais cet arrêt n'est pas probant, car la question ne s'était pas présentée dans les mêmes termes ; dans l'espèce, — il s'agissait d'un prêt fait à une femme mariée non autorisée et les deniers avaient servi à la femme à éteindre une obligation antérieure à son mariage, — c'était le prêteur et non la femme qui avait intenté le premier l'action en remboursement de la somme prêtée, et sa

____

(1) Larombière, déjà cité. Cass., 24 janvier 1855, S. 56.1.56.

demande avait été repoussée par application de l'article 1125, alinéa 2.

Il convient donc d'appliquer dans tous les cas, les principes contenus dans la loi ; c'est ce qu'a fait la Cour de cassation dans son arrêt du 23 février 1891 : « attendu, dit-elle, que cette décision, loin d'être contradictoire dans ses termes, n'est au contraire que l'application des dispositions de loi relatives aux engagements contractés par des incapables,. combinés avec le principe que « nul ne peut s'enrichir aux dépens d'autrui », principe qui trouve sa sanction dans divers articles du Code civil, et notamment dans l'article 1312. »

Restitution contre un mineur. — L'application de l'article 1312 aux contrats passés entre mineurs a été longuement discutée. S'il est admis, en effet, que le mineur peut se faire restituer contre toute personne et même contre un mineur, l'accord ne se fait plus lorsqu'il s'agit de régler les effets de la rescision. Remarquons cependant qu'il n'existe aucune difficulté lorsque la convention n'est préjudiciable qu'à l'un des contractants mineurs ; lorsque, par exemple, un mineur a acheté pour 100 francs à un autre mineur un meuble qui ne valait que 500 francs, il est certain que, dans ce cas, les principes généraux continueront à s'appliquer, puisqu'il est possible de réparer la lésion de l'acheteur sans en causer une au vendeur.

Mais la question devient douteuse, lorsque les deux

mineurs sont exposés à subir un préjudice. Supposons, en effet, qu'un mineur emprunte une certaine somme d'argent à un autre mineur ; il dissipe cette somme, puis, comme tel est son droit, il obtient de faire rescinder l'emprunt. L'autre mineur va de ce chef subir un préjudice ; il ne pourra, en effet, obtenir la restitution des deniers prêtés, car leur emploi n'a pas été profitable.

De son côté, l'emprunteur sera également lésé, s'il doit rembourser les deniers qu'il a dissipés.

Il s'agit alors de régler la situation de ces deux mineurs et de rechercher s'il n'est pas possible de concilier leurs intérêts respectifs. Plusieurs systèmes ont été proposés.

1er *Système*. — Le droit commun doit s'appliquer (1) ; le mineur contre qui la rescision est demandée ne sera donc pas tenu de restituer, en exécution de l'article 1312, au delà de ce qui a tourné à son profit. C'était la doctrine admise dans le droit romain ; le jurisconsulte Paul disait dans ce sens : « Melior est causa consumentis, nisi locupletior ex hoc inveniatur » (3) ; et, de son côté, Ulpien s'exprimait à peu près dans les mêmes termes : « Melior est causa ejus qui accipit, et dilapidavit, et perdidit » (3).

(1) En ce sens Merlin, *Rép.*, *Mineur*, § 9, n° 3 ; Toullier, VII, n° 591 ; Marcadé sur 1310, n° 2 ; Larombière sur 1312, n° 14 ; Demolombe, VI, n° 179.
(2) L. 34, *principium de minoribus*.
(3) L. 11, § 6, *principium de minoribus*.

2ᵉ *Système*. — Ce résultat est peu équitable, a-t-on dit, car on rend préférable la condition du mineur qui a dissipé les deniers et qui s'était peut-être réservé intentionnellement le droit de demander ensuite la nullité de l'emprunt. La cause de la possession, invoquée par les jurisconsultes romains, ne justifie pas un tel privilège ; les deux mineurs ont, au contraire, le même droit de ne pas être lésés, et, par suite, il serait plus conforme à l'équité de répartir la perte entre eux par moitié (1).

L'article 1312 ne contredit pas cette solution, car il ne prévoit pas le cas où la restitution est demandée contre un incapable ; dans le silence de la loi, il est donc juste de trouver une solution susceptible de concilier dans la mesure du possible les intérêts des parties en présence.

3º *Système*. — M. Laurent (2) se refuse aussi à appliquer l'article 1312 ; il se rallie ainsi à l'opinion de M. Colmet de Santerre, mais il propose de confier aux tribunaux le soin de déterminer, suivant les faits, les conséquences que la rescision comporte vis-à-vis de chacun des mineurs.

Pour notre part, cette solution nous paraît préférable ; la répartition que propose M. Colmet de Santerre représente l'égalité de situation qui existe entre les mineurs, mais il convient de remarquer que les deux inca-

(1) Colmet de Santerre, V, 270 *bis*, nº 23.
(2) XVIII, nº 545.

pables ne sont pas toujours dignes du même intérêt et que, celui qui dissipe les deniers empruntés est dans une situation moins préférable que son adversaire. En permettant aux tribunaux d'apprécier la situation, on pourra faire retomber sur le mineur qui s'est montré le plus négligent les conséquences des actes qui ont engagé plus fortement sa responsabilité.

— β) *Effets à l'égard des tiers.* — Les principes généraux s'appliquent ici sans restriction. Si donc, des droits ont été concédés à des tiers sur les choses que les parties s'étaient livrées en exécution d'un contrat annulable ou rescindable pour cause de minorité de l'une d'elles, les parties sont réputées n'avoir eu jamais aucun droit sur cette chose et les droits qu'elles ont transmis sont, par ce fait, résolus rétroactivement.

A plus forte raison, cet effet rétroactif se produira si les droits ont été consentis postérieurement à la prononciation de la nullité ou de la rescision ; les tiers ont donc intérêt à être prévenus, aussi l'article 4 de la loi du 23 mars 1855 dispose que : « Tout jugement prononçant la résolution, nullité ou rescision d'un acte transcrit, doit, dans le mois, à dater du jour où il a acquis l'autorité de la chose jugée, être mentionné en marge de la transcription faite sur le registre. »

Le demandeur en nullité ou en rescision ne peut pas agir directement contre les tiers, car ceux-ci sont étrangers au contrat, mais il peut les faire mettre en cause afin que le jugement rendu leur soit opposable et qu'il soit conclu contre eux à la restitution de la chose livrée.

— Les effets de la nullité et de la rescision se produisent à l'égard des mineurs seuls (arg. art. 1125) ; ils ne profitent donc pas à la caution ou bien aux majeurs qui se sont obligés conjointement ou solidairement avec des mineurs.

Cependant, la jurisprudence admet, en matière indivisible, une exception qu'elle fonde sur la règle : *In individuis minor majorem relevat*. Mais nous avons déjà repoussé cette interprétation et proposé de réduire l'application de cette règle, comme le texte semble l'indiquer, à la prescription ou à la déchéance de droits indivis entre des majeurs et des mineurs.

Dans le cours de notre étude, nous avons noté les différences qui existaient à Rome entre la nullité et la rescision pour cause de lésion des actes passés par les mineurs ; nous avons rencontré, dans l'ancien droit, des distinctions de même nature entre l'action en nullité et l'action en rescision, puis, en étudiant le Code civil, nous avons constaté que ces distinctions avaient disparu et nous avons mis les deux actions sur la même ligne. On peut s'étonner, dès lors, que le législateur n'ait pas complété cette assimilation et qu'il n'ait pas sanctionné l'incapacité du mineur par une incapacité générale de contracter, comme il l'avait fait pour l'interdit et pour la femme mariée. Il résulte en effet des principes que nous avons admis, que les cas de rescision sont bien plus restreints que dans le droit romain ou dans notre ancien droit, et que, principalement, la restitution ne peut plus être demandée contre les actes d'administration ou contre les actes passés dans des conditions régulières par le tuteur ou par le mineur ; les cas de nullité sont, au contraire, toujours aussi nombreux et le législateur semble même faire prévaloir définitivement l'action en nullité en disposant d'une manière générale dans l'article 1124, que le mineur est incapable de contracter. La loi du 27 février 1880 a encore augmenté les cas de nullité en exigeant l'emploi de certaines formalités dans des hypothèses où jusqu'alors elles n'étaient pas nécessaires, et l'on peut dire aujourd'hui que, à l'égard du mineur, la rescision pour cause de lésion est limitée à un petit nombre d'actes d'administration, tels que la vente de récoltes, qui peuvent être accomplis sans forme par le tuteur.

Dans ces conditions, on peut entrevoir qu'une réforme complète s'accomplira un jour et que l'incapacité du mineur sera sanctionnée dans tous les cas par une action en nullité ; si, dans l'état actuel des textes, cette réforme ne devait pas avoir pour conséquence de modifier profondément la condition du mineur, elle aurait au moins l'avantage de faire disparaître les nombreuses difficultés que soulève la présence d'une action en nullité et d'une action en rescision pour cause de lésion et de fixer d'une façon définitive la nature de l'incapacité du mineur.

Vu :
Le Président de la thèse,
ANDRÉ WEISS.

Vu :
Le Doyen,
GARSONNET.

Vu et permis d'imprimer :
Le Vice-Recteur de l'Académie de Paris,
GRÉARD.

TABLE DES MATIÈRES

Imp. G. St-Aubin et Thevenot. — J. Thevenot, successeur, St-Dizier (Haute-Marne).

9 782019 322854